JN203313

大化けの極意

oobake no gokui

人生を変える大化けスイッチ

静岡産業大学 総合研究所・所長
大坪 檀

大化けの極意
人生を変える大化けスイッチ

まえがき

なぜ、この本『**大化けの極意**』を書いたのか。筆者は産業界で二八年、教育界で二九年働き、いろいろな人と出会い、経験や観察を通して気が付き、確信したことがある。それはだれにも能力があり、その能力は人それぞれだが、この世にできない人はいない、それぞれの人が個性を発見し伸ばせば、素晴らしい人生を送ることができるということだ。**人には偏差値では測ることのできない能力がたくさんあり、人はだれでも大化けできる。**自分も、自分の子供も、部下も、だれでもだ。人だけではない、会社も、町も、生活も、その気、その方法を知れば大化けできるのだ。

そして、ぜひ次のような方たちに読んでいただきたい。

①自らを大化けさせたい人、子供を大化けさせたい人
②学校の先生、教育者
③部下を育てたい人、ヤル気を起こさせたい人、上司と言われる人
④会社、組織を成長、発展させたい人、会社を大化けさせたい経営者・リーダー
⑤地域を大化けさせたい人

日本では有名大学、難関大学、東大、京大に進学できれば能力があると考える風潮、いわゆる偏差値教育、偏差値で人間の能力をランク付け、格付けする風潮が近年浸透し、自分の能力、他人の能力をそれで判定する傾向が強くなった。多くの人が無意識的にせよ負け犬根性に悩まされているように思われる。大学の先生自身にもそのような雰囲気を感じることがある。

格付け、ランク付けされた学歴社会。社会に出て難関大学、東大、京大を出たからといって昼あんどんと呼ばれている人もたくさんいれば、ハッピーでない生活、人生を送っている人もいる。大学を出なくても自分の夢を実現し、ハッピーな人生を送っている人が社会にはいっぱいいいる。

筆者が尊敬するブリヂストンの創業者石橋正二郎氏も大学卒ではない。パナソニックの創始者松下幸之助、ホンダの創業者本田宗一郎両氏とも大学を出ていない。皆さんの周囲で活躍している創業者、自営業者、中小企業の経営者、いろいろな分野で活躍している政治家、ＮＰＯのリーダー、プロフェッショナル、匠の人たち。ビル・ゲイツ氏をはじめアメリカの実業界では大学中退の人、大学卒でない独学の人が企業を興し、成功している。そしていま、大学教育の真価が問われている。

読者の皆さんはどう見るだろうか。自分の個性を発揮し、自分の人生目標や夢、社会に貢献することを目標に自ら学び、努力している人たちがたくさんいる。どうしてそんなに頑張れるのか。どうやって成果を出したのか、つまりどうやって大化けしたのだろうか。教育の現場で、そして職場で、さまざまな社会活動の中で、大化けした人、大化けした学生、部下や会社、社会を大化けさせた人の手法、生きざまを追ってみた。すると大化けした人には生き方、仕事の仕方に独自色の強い考え方、アプローチ、意識、対人折衝の仕方、仕事の進め方があり、自分が追求したい人生目標を持ち、その目標に強いロマンが感じられる。**大化けに大事なことの一つは自分の人生目標を抱き、ロマンを追求することだ**。

ある時、学生が勉強できない理由を〝自分たちに人生目標がないから〟と教えてくれた。なぜ勉強するのか。①親のため、②親類のため、③先生のため、④自分のため。こんなことを話してくれた学生がいる。「子供は親を喜ばすため、親は子供の自慢をするため。自分の子供は東大に入ったと言いたい。難関校を卒業し、一流企業で働いている。先生も教え子が東大に入ったと言いたい」と。親の気持ちはよくわかる。子供の自慢はだれでもしたい。子供も親の期待に応えたくて頑張る。しかし、これが本当の教育の目的なのだろうか。教育の目的をよく考える必要がある。読者の皆さんはどう考えているだろうか。自分の子供は果たしてハッピーなのか。

「教育」とは教え育てると書く。何を教え育てるのか。人の持っている能力、個性を発見して引き出し、それが生かせるようにすることだ。人の役に立つ、人に感謝される、社会に貢献し、ハッピーな人生を送れるようにする。**志を抱き、夢の実現のために学ぶことが本来の目的だ**。そのような教育を受けられるか、その学校にはそのような理念、情熱、教育力があるのか、自分の目で確かめ、学校を選ぶことが基本なのに偏差値で学校を選ぶ傾向が昨今の社会では強い。

教師には自身の目で学生の潜在能力、個性を発見する眼力が求められる。学生の能力を偏差値で判定する、公正、公平な入学試験を維持するために、教師に眼力がなくなったのではないかと危惧している。教師には中国の故事に出てくるうもれた駿馬を見いだした伯楽のような眼力を備えた人が本来必要なのだが、今の教育界はどうだろうか。大化けするにはこういう教師のいる大学、このような教育観のある大学を選ぶことを考える必要がある。

親にも子供の潜在能力を見つけ、それを伸ばすためのいろいろな努力が必要だ。大事なことは将来子供が何になりたいのか、何をしたいのか、常に子供と語らい、その実現に向けて学ぶことが大切であり、親はその子の背を押してあげる。

つまり人の隠れた能力の点火スイッチを押すと人は光りだす。〝大化けのスイッチ〟とこれを静岡産業大学では呼んでいる。大化けするにはどうしたらよいか。その心がけ、考え方、方法を探ってみた。いろいろあるが、**大事なのは〝褒めること〟**。自分の子供も、自分も、家族も、職場も、同僚も、部下も〝褒める〟こと。そうすれば〝大化けの点火スイッチ〟が入る。**やる気を起こさせる、動機づけると人は自分の眠れる能力を活性化し、素晴らしい成果を上げる**。いくら潜在能力があっても火をつけなければ燃えない。天才もただの人ということになる。

勉強は厳しいもの、教育は厳しくなければならないと思っている人が多い。そのような面があるのは否めないが、勉強は本来楽しいもの、楽しめるもので、楽しければ勉強に励みが出る。小生の自作のモットーは〝学楽・楽学〟。〝楽しむことを学び、学ぶことを楽しむ〟というもの。いやいや勉強すると、学んでいることがよくわからないし、身につかない。勉強嫌いになり、長続きしない。その逆は、勉強が楽しい→身につく→勉強に精が出る。仕事も同じだ。いやいやする仕事、やらされてする仕事→効率が悪い→結果が悪いということになる。**自ら学ぶ、自ら働くことは、大化けの要素でもある**。

不登校はなぜ起きるか。それは学校が面白くないから。三島市に三島スクールと呼ばれる不登校の子供たちを対象として教育する学校がある。高い授業料を払ってまで全国から学生が集まる。定員の三倍もの応募があることもあるという。なぜこんなに集まるのか。学校が楽しいから。学生の目が光っている。教育の原点はここにあるのかもしれない。

日本人の生き方、学び方、働き方、価値観に大変動がいま発生しようとしている。日本の歴史では見られない現象が起きだした。それは人口が減少し始めたこと、現在の総人口一億二五〇〇万人が一億人を割る時代を迎えようとしている。いわゆる高齢化現象が進行し、長寿化社会が実現、百歳の長寿者が珍しくなくなった。そして情報化の進展、科学技術の進歩も手伝って、生産、コミュニケーション、交通手段、販売、金融など、さまざまな面でイノベーション＝革新が進行している。加えてグローバル化が進展し、今までの日本の文化、制度、生き方の基盤、土台＝パラダイムに大変換が起きだした。こういった変化は地震の被害や戦争などによる物的な破壊現象と違って、日々実感することはできない。日本が空襲で破壊され、焦土と化し、敗戦を実感した。日本に大変動が起きたことを実感した。アメリカ軍が駐留し、流れ込んできたアメリカ文化に触れて新時代の到来を目の前にした。しかし、現在の大転換はじわじわと進行し、この変化は自分の目では定かに見えない。

日本も今大化けをし始めている。人の考え、生き方、行動、仕事の仕方、求められる能力などいろいろな面で大化けをせざるを得ない。われわれは多くのものを手にした。教育を受ける機会、幅広い情報に接し得る機会、異文化に接する機会が飛躍的に増大し、豊かな食生活、住生活も可能になった。自己実現の可能性も飛躍的に高まった。経済的に豊かになっただけではない。生涯活用できる時間量は飛躍的に増大し、金持ちならぬ〝時持ち〟にもなった。自分の夢を実現する機会、手段も改善・向上した。その気になれば、**だれでも大化けできる時代になったのである。**

あらためて学び直すこともできる。常に学ぶことも必要で、生涯学習の時代に入った。学ぶことが楽しいと社会人が大学で学ぶ時代が始まっている。人間は本来好奇心がおう盛、学ぶことを本能とする。学ぶことで脳が活性化し健康にもなる。もちろんこの学びには学楽・楽学の考え方が重要だ。静岡県で百歳以上の健康長寿者を調査したところ、この人たちはほとんど全員が新聞を毎日読む。情報意識がいつまでもおう盛なのに驚かされる。

本書では、こうしたことから筆者の経済界、教育界での長年の研究、観察、経験から学んだ大化けの極意をさまざまな角度からまとめ、紹介することにした。皆さんの大化けを願って。

〝大化け教育〟の〝大化け〟の言葉は県立静岡高校の校長で静岡産業大学の教授をされていた野崎耕一先生と筆者が教育談義をしていた際に〝学生って大化けするんですよね〟と言われたその一言で誕生したもので、先生のあの一言に感謝したい。その提言で誕生した大化け教育のミニュメン、が大学に設置されている。

本書の出版にあたり、静岡新聞社出版部が多角的に助言してくださいました。本の題名も筆者と一緒に工夫し、ちょっと手にしたくなる魅力的な題名づくりに貢献してくださいました。静岡産業大学の出版部の皆さんにも大変お世話になりました。学長はじめ、いろいろな分野の方に目を通していただきご助言をいただきました。本の装丁、イラストは静岡産業大学情報学部の小林克司先生と先生のゼミ生鈴木あかりさんと塩川真由さんの創作です。ありがとうございました。

2016年8月　神奈川県葉山町にて

目次

第2章　ロマンでさばけ、大化けハンドル――企業戦略のツボ

第3章　あなた自身の大化けスイッチ――「時持ち」時代の生き方

序章

褒めて始動、大化けエンジン

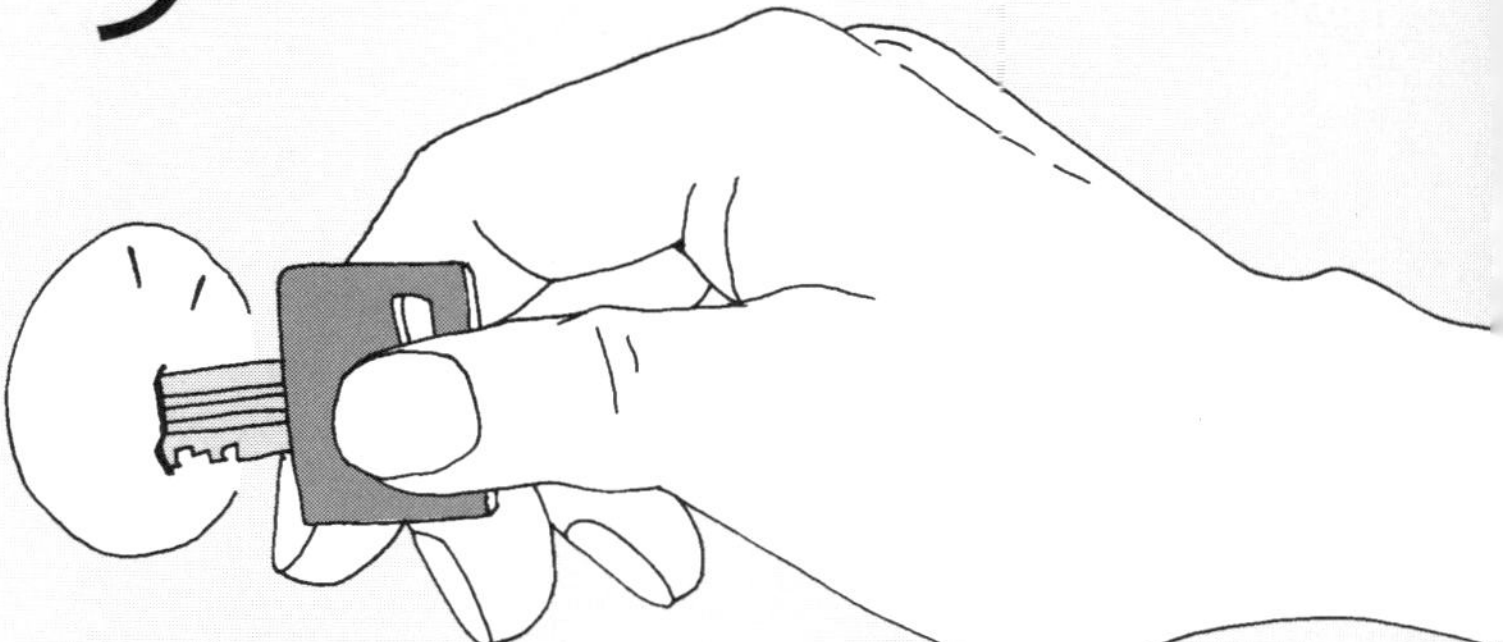

褒められて泣いた学生

いつものように授業が終わって、自分の研究室に戻り一服していると、泣きじゃくりながら一人の学生がやってきた。目にいっぱいの涙。何事かと聞いてみると、その答えにびっくりさせられた。

「私は今日まで学校の先生に褒められたことがなかったんです。今日生まれて初めて先生に褒められました。うれしくて、うれしくて、それが言いたくて、先生の所にお邪魔したのです」

私の授業では黒板を背に講義を一方的に進めることも、生徒がしゃにむに講義のメモをとることもない。授業のオリエンテーションでは授業でメモをとる必要のないことを説明する。また正解はないこと、前もって示すテーマに従って自分の意見、見解をまとめてくることを求める。授業ではいろいろなテーマをさまざまな角度から、経験を踏まえて論ずることを重視、学生に積極的なコメント、意見の発表を求める。学生がテーマについて自分で調べてきて教室で自分の見解を述べる。学生の発表、意見をベースに講義を行うので、授業の主役は学生である。発表をためらう学生の背中を押し、発言を促す。

筆者がこの授業でいつも心がけているのは、**発表する学生を必ず褒めること**。内容に絶対ケチをつけない。何か褒めることがないか学生の発表をじっと聞く。おずおずと発表をためらう学生が、皆の前に出てきて何かしゃべっただけで「みんなの前に出てきてしゃべる勇気、たいしたもんだよ」といった具合だ。表現、内容にケチをつけない。何か褒めようとその気になれば、いくらでも褒めることはある。

学生がレポートする内容にはとにかくコメントする。まず褒める。「なかなかおもしろい、良い点をついている」、それから「こうしたほうがもっと良いかも。調べてごらん。こういうことを足すともっと良くなる」といった提案もする。褒められて喜ばない学生はまずいない。褒められると元気が出る。自分だってできるのだと学生が思うようになる。

何回も褒められるうち、学生は自分のエンジンが音を出し動き始めるのに気が付く。**「スイッチが入り→やる気が起こり→頑張って→大化けする」**ことになる。

自分は今まで褒められたことがない。こう発言した学生が中学、高校の教育現場を説明してくれた。中学時代も、高校時代も、先生に「お前みたいな学生がいるから、クラスの偏差値が上がらない。クラスの評価も学校の評価も上がらない」といわれてきた。できない、だめだといつもしかられていたので、自分には人並みの能力、学力がない、三流のできないダメ人間だと思っていたら、今日は初めて褒められたのだと。

この学生は大化けした。何回も褒められるうちにだんだん自信が出てきて、自分で調べてきたことを積極的に人前で発表するようになり、「先生、この自分で書いたレポートを読んでコメントしてほしい」と筆者の研究室にやってくるようになったのだ。

自分の能力を自分で発見、意見を述べる勇気、他人の発表、意見を聞く意欲もわき出て、この学生のやる気のエンジンがかかった。音を立ててこの学生は走り出した。勉学の意欲が向上し、自分は学校の教師となって新しい教育方法を開発し、人材を育てて社会に貢献したいと勉学に励み、高校教師となり、今大化け教育に取り組んでいる。

会社経営者になった学生、会社を創業した学生もいる。大学に入ってきた当初は自信がなく、負け犬根性、自分には能力がないと思い込んでいたのに、卒業して再会してみると大化けしている。こんな学生がたくさんいる。人はちょっとしたことで大化けする。そのちょっとしたことの一つは**まず褒めること**だ。大化けはそこから始まる。

しかる文化

一般に日本の先生は生徒ができないとまずしかる。しかると学生はできるようになると思っている人が多い。厳しい指導が人を育てると考える風潮がこの日本社会、とりわけ学校、家庭、企業社会では強い。人を育てる、会社を運営する上で厳しさをよしとする風潮、文化が日本の社会には根強くあるように思える。

ラジオのニュースコメンテーターをしていたとき、ディレクターにいつも「厳しいコメントをお願いします」といわれたのを思い出す。記事について楽観的な意見を述べたり、褒め言葉でコメントすると「先生は優しいですね」となんとなく非難めいた言葉、期待外れの空気がディレクターから出てくる。

学問は厳しいもんだと信じ、頭ごなしにしかる先生もいる。何回もしかられるうちに勉強が嫌いになり勉強ができなくなる。英語が嫌いな学生に聞くと、初めて習った英語の先生に何回もしかられたからという。数学が嫌いになる原因も先生にあるという声をよく聞く。先生が難しい言葉で数学を説明し、学生がもたもたしていると、やみくもにしかるからだと説明してくれた学生もいる。

体育の授業にも同じ現象がみられる。その現象はもっと強いといったほうがいいかもしれない。先生はいつもしかり、体罰が一時問題になったほどだ。体操が嫌いになった学生はたくさんいる。日本の社会に浸透している精神主義が過剰に働き、せっかく学ぼうとする人を挫折させている。日本のスポーツ界、特に体育会系の人には鍛える意識が強い。気合を入れるとか、鍛えてやるという考え方、文化が体育教育界の底流でうごめいている。

日本の軍隊ではビンタという言葉が日常平気で使用された。何かあると平手でひっぱたいた。いまでもスポーツ界にはその雰囲気がある。日本ではスポーツ科学がなかなか発達しなかったが、スポーツに強くなる、スポーツの技術を向上させるために科学的アプローチが必要であることがわかってきた。スポーツ選手が競技に臨む場合には、心理カウンセラーが同行し、心のケアをするようになってきたのは、大きな変化だと思う。厳しくミスをしかるよりも、どうすれば改善できるのか、科学的な分析に基づき助言することも一般化してきた。世界選手権に出場する選手の「楽しんできます」というあいさつに、違和感を抱く人は少なくなっている。以前だったらなんとコメントしただろうか。「まじめにやれー」「厳しさが足りない」…と。

米国の褒め上手

筆者が㈱ブリヂストンに勤務していた時、ブリヂストンでテニススクールを開講し、日本のテニス技術の向上に貢献しようということになり、テニスの先生を探すことになった。当時アメリカでプロテニスの選手を育て注目されていたデニス・バンダーミーア先生に日本のテニス界の実情を説明し、来日してもらってテニスの指導をお願いした。来日したコーチ陣の構成を見てわが目を疑った。テニスの技術を教える先生はバンダーミーア氏ともう二人。なぜか原子物理学専攻の理学博士と心理学の博士二人が一緒に来日した。テニススクールではテニスの基本技術を教えるのだが、その基本技術は生理学や物理学、心理学の理論、機器、手法を用いた分析、データをベースに開発されたものだった。スクール生のプレーをビデオにとって、詳しく分析したデータをもとに、改善点を示した上で、練習法を伝える。

心理学の先生はテニスをする時の心理的な準備、心の持ち方などを詳しく解説し指導する。テニスの練習を楽しくおもしろくする工夫をいろいろして見せる。テニスの試合に臨むときの心構え、メンタルトレーニングの授業もある。スパルタ式の教え込み（ボールを二百個打てといった調子）が全然ない。マナーやルール違反には厳しい指導の声をかけるが、スクール生には励ましと褒め言葉がかけられる。日本のテニススクールは現在どうなのだろうか。このバンダーミーア先生の来日、そして教えを受けたスクール生の多くが新しいテニス教育を始めたと聞いている。日本には世界からあこがれて技を習得にくるスポーツのスクールはあまりないのではないか。

スポーツの社会では勝負が究極の目標となっているが、健康長寿社会ではスポーツの意味が変化し、より多くの人々が日常のこととしてスポーツに精を出すということになり、スポーツは健康増進の手段やコミュニケーション、地域社会の絆づくり、ファッション、新しいライフスタイルの創造、生活の楽しみ方、新産業の創出などさまざまな変化をもたらすものになると考えられる。勝負よりも楽しむための新しいスポーツの創出が積極的に行われることになろう。後述する未来年表の中に自分のスポーツとのかかわりを描いてはどうか。

もう一つアメリカでの経験。子供がピアノの先生についた。この先生の名はジョルダンさん。家にやってくるときは鼻歌まじり。「何かおもしろい好きな曲があるか？　それをまず弾こうよ」とレッスンを始める。ちょっとしたことで褒める。リズムが良いとか、ピアノのキーの響きが良い等々。指がきれいだ、指の動きが良い。

なんでも褒めながら楽しくピアノレッスンが進む。

日本でのレッスンを思い出す。現在でも使用されているのだろうか、あのバイエルと呼ばれる練習本。先生はちょっとでもミスをするとしかるだけ。子供の手をたたく人もいる。音楽という言葉は、音を楽しむと読めるのにこれでは音苦だ。だんだんピアノ嫌いになるのは、教え方に原因があるのだと思う。使用されなくなったピアノがどこの家庭でも眠っている。

もう一つ、アメリカでの経験。子供がアメリカの小学校に通い始めたが、全然英語ができないわが子はどうなるのだろうかと不安な日が続いた。何日か経過して、英語での授業に少し慣れてきたのかなと思っていたある日、子供が先生からアメをもらったと手のひらのキャンディーを得意そうに見せてくれた。英語の時間にスペルができたからと言っては、先生がご褒美にアメをくれるのだそうだ。先生は何かちょっとしゃべると手をたたいて褒めてくれる。先生に褒められて悪い気はしない。英語もできず、アメリカ人ばかりの学校に緊張して入学、授業に出始めると先生は何でも褒めてくれる。娘はうまく学校生活に溶け込んで、英語問題も何とかクリアした。褒める力のすごさ。アメをくれるおもしろさ。アメリカの学校教育、すべてがこんなわけではないが、英語もできずに異文化社会の学校に入ってきた子供をうまく学校社会に溶け込ませるこの手法には感心した。

褒めると人は動く

褒める行為は自分自身、子供、友人、仲間、部下の人たちにやる気を起こさせる強力な引き金になる。生活、日々の行動、学び、交際、仕事の中には守らなければならないルール、常識、マナー、意識しなければならない思いやりの心、気配り、配慮などいろいろと意識を緊張させるストレスがいっぱい。何回もやらなくては身につかない学び、研修もある。予期しない事件、想定外のこと、びっくりする意外なことに遭遇、気が動転することもよくある。こういうことで働く人は緊張、ストレスがたまる環境にあるのが普通。当然こういったことに耐えることも求められる。耐えうる人を育てる、任務を遂行するうえで、上司は厳しくあることが重要であると考える傾向が日本の社会では一般に強い。強いリーダーが評価される文化がある。確かに厳しさの必要性は否めない場合もあるが、実際は褒めることのほうがもっと大事だ。人を厳しく追及したり、意味なく感情的になって、頭ごなしにしかっても、しかられた部下は反発感、失望感を高め、やる気を失うことが多い。特に昨今の職場にはこの傾向が強い。

新卒の就職者の多くが入社後三年以内に退社するといわれているが、一つの原因は厳しく教育することにあるという。このような問題とは別にしかった後の後味の悪さ、後始末の大変さを考えると、褒めることに勝るものはない。**しかる場合でもまず褒めてからしかる**、指導することのほうが効果的だ。後になって「褒められて元気になった」「褒められて自信がついた」「褒められてやる気が起きた」などと言われたほうがこちらも元気になる。

褒めてエンジン始動

〝褒める〟これは人を動かすうえで不可欠なものだ。人にものを頼むとき、怖い顔、怖い声、怖い言葉で接すると相手の人はまず身構える。聞く耳がふさがれて、防衛本能が働き、頼まれたことに拒絶反応が働く。**人にものを頼む、人に聞くときに最初に褒めると、エンジンはかかり、ことは運びやすくなる**。

ある調査マンがこんなことを話してくれた。聞き出したいことを聞き出すには最初に何か褒めることだという。「子供連れの女性に何か聞き出すとき、まず子供のことを褒める。そこから会話を始めるのだ」と手の内を明かしてくれた。人とのコミュニケーションをうまく始める手がかりは褒めること。もちろん褒め方次第では警戒心を招き、コミュニケーションはそこで進まなくなる。話を聞いてから「なかなかおもしろいことを考えていますね」と相手の話を聞いてまず褒める。そして、会話を進めると話の展開はスムーズになる。

人との付き合いには、けなして始めるよりも褒める言葉から始めるのが有効だ。こちらから一方的に話しかける前に相手を褒める。玄関にかけてあった絵についてちょっとプラスの発言。筆者はオフィスにかけてある絵画、おいてある美術品にコメントし、質問もする。何かプラス発言をすることを心掛けている。その後の会話がスムーズに運ぶのを実感している。レストランでおいしい食事、期待以上の味で満足したら、皆さんはどうするだろうか。

最近見かけた光景の一つだが、「シェフに料理が良かったと伝えてください」とレジ係に一声かけて代金を支払って外に出た客を、シェフが追って一言「ありがとうございました」とお礼を言っていた。シェフもお客さんも本当にうれしそうだった。日本ではあまり見かけない光景だが、欧米のレストランではよく見る風景だ。筆者もニューヨークのステーキレストランで、「肉の味が最高、焼き方もね」と褒めたらシェフが出てきて「これは日本の肉ではないが、アメリカの肉もうまいんですよ」と自慢し、会話が弾んだのを思い出す。

子供を育てるときにこの褒めることの重要性を痛感させる場面がある。それは赤ちゃんが歩き始めた時「あんよはお上手、お転びお下手」といった歌。「転ぶたびに赤ちゃんのお尻をたたいてごらんなさい。赤ちゃんは歩けなくなる」と言われたことがある。これは新入生、新入社員にも当てはまる。

自分を褒める

自分で自分を褒めることも考えてよい。自分で自分の良いところを発見する。自分が良いことをしたなと思ったら、自分で自分を褒める。寝るときに、今日一日何か良いことをしたか考えてみる。それで「とてもよく眠れるようになる」と勧めてくれた人がいる。

この仕事を夕方までにやり遂げたら、晩飯にビールを一杯などと、ご褒美計画をあらかじめ仕事に取り込んでいる人をよく見かける。外国で一人リュックサックを背負って旅をしている青年に出会った。かっこよい旅装を褒めたら「この旅は自分で自分にご褒美を出して計画したものだ」と誇らしげに話してくれた。この青年は何か難しい国家試験に合格したのだそうだが、何か目標を達成したら、自分に自分でご褒美を出すというやり方をにやにやしながら話してくれる人がかなり増えている。

読者のみなさんもやってみるとよい。仕事が楽しくなる。勉強もはかどる。家族でもご褒美をつけた仕事計画、勉強計画、健康計画をつくると、その計画は面倒くさいとか、気が進まないものでもいつの間にか楽しみながら達成してしまう。あまり気乗りのしない仕事に取り組む場合にはこのご褒美計画があると取り組みやすくなるものだ。

成功体験と自信

仲間や先生に見下される、テストではいつも良い結果が出せない。先生の言っていることが分からない。自分には能力がない、何をやっても駄目だ。そこそこの生活ができればいいと思い込み、負け犬根性になっている人をよく見かける。一言でいえば自信を失っているのだ。このような人でも何らかの働きで、突然自信を持つようになり、大化けすることがよくある。何となく勢いの出ない人、積極性に欠ける人にはこの自信という丸薬がすごく効果を発揮する。

大化けの基本の一つはこの自信獲得、自信をつけさせることにある。「鶏口となるも牛後となるなかれ」ということわざがあるように、このような過程で人は自分にも能力があることに気が付き、自分自身の主張、考え方、行動に自信を持つようになる。この自信をつけることにより大化けするための自信の付け方をいくつか述べてみたい。

一つは**小さなことでもよいから、成功体験をさせることだ**。何か目標を決めてその目標を達成すると、達成感が得られる。自信が生まれるものだ。目標を少し大きめにして、その大目標達成までの途中の目標を細切れにして少しずつ達成してゆく。マイルストン法と命名した人がいるが、大きな目標までの計画を立て、その過程で小さな目標を立てる。この小さな目標を達成するたびに自信がついてくる。

英語が苦手な人は、二年間で日常会話ができるようになるという目標を立てる。最初の一年間で日常に必要な単語を覚える。お米はライス、水はウォーター、日常語はほとんど英語になっている。これを中心に日常英語の単語を二個ずつ記憶すると一年で、五、六〇〇の単語が覚えられる。それを使ってみんなの前で英語でしゃべってみる。中学一年生と二年生の英語の教科書を暗記すれば、日常生活でちょっとした英会話ができるのに気が付く。外国を旅行して、レストランの食事の注文や買い物で店員に話しかけてみる。自分の英語が通じる。「うれしい、やったー」英語に対する自信がつく。外国人旅行者が増加し、道案内で困っている風景によく出合う。こんな時に自分から助けを英語で申し出る。困っている人に英語が通じると、自信がつき、またやってみる。

こうした**小さな成功が自信を生む**。難易度の高くない資格試験に挑戦するのも一つの手だ。新聞や町の広報誌を読んでいると、いろいろな資格試験の講習会が開催されている。この資格試験に挑戦してみる。公的な資格でないものもあるが、自分の能力テスト、レベルアップのために活用するとよい。筆者の勤務する大学ではいろいろな資格取得講座を設け、取得をするように促している。この資格試験で、自信がつき大化けする学生が何人もいる。就職してからも、何らかの資格を持っていると、そこそこの自信ができる。パソコンの資格を取っていた学生が就職し、「職場でパソコン操作に苦労している年上の先輩社員を手伝ったら、尊敬されるようになった」と語るのを聞いたことがある。

資格でなくてもよい。人があまりやらないことを勉強していると職場では尊敬され、それが自信につながることがよくある。柔道三段とか高校時代に野球で甲子園に出たとか、ギターがうまいとか「人がやらないことを自分はできる」というものを身につけていると、社会の中で自信が生まれる。囲碁や将棋で段をとっていると職場では一目置かれることがある。上司の相手をさせられるなどで、人間関係づくりに役立つ。「芸は身を助く」というが、高校時代、大学時代に部活で身につけた芸は自分の人格形成、能力向上に非常に意味がある。おもしろいことに、学業とは別の分野で社会で活躍している人には、部活で身につけた芸、知識、人脈で独自の道を開いている人が多いのだ。

学生時代のアルバイトを生かして大成功した人の典型は、リクルートの創立者江副浩正氏だ。コマーシャル音楽で著名な小林亜星氏は慶応大学医学部に入り、その後経済学部に移ったが、学生時代に音楽生活に夢中になり、その道で大成功している。勉強だけが大化けの道ではない。**大化けの道の一つは個性発見、つまり人と違う能力を身につけること**だといえよう。

そこで自信を身につけるのに大事なことの一つが、**自分の強み、弱みを見極める**ことだ。この強み、弱みを自分なりに書き出してみるとよい。強みを一〇項目、弱みを一〇項目ずつ書き出してみる。語学が弱い、数学が強い、人を笑わせるのが得意といった具合で経験から不得意、得意と思っているものでもよい。これらを書き上げてみる。性格テストとか能力テストなどのテストを利用するのもよいが、まず前述のような方法で自己発見テストをしてみる。そして友人や仲間、両親などと何げない会話を通して確認することを勧めたい。周囲の人の評価と自分の判定に大きな違いのあることがよくある。自分で思い込んでいる弱みが、他人には強みと映っていることがよくある。自分の強みを発見することもある。

この強み。時と場合で弱みになる。弱みも強みになることがある。強み弱みは条件次第ということを心得ておくとよい。攻撃的なことが強みの人は、時によりタイミングや状況判断を誤り失敗することがある。はにかみ屋、遠慮がちが弱みと思っていたら「物静かで人との接客に向いていると職場で評価され、社長秘書になった」と教え子の女子学生が言っていた。英語が弱いからと海外勤務をはずされた人が「英語が強くて海外工場に派遣された同僚が、現地の人とのトラブルに巻き込まれ、帰国。ストレス性の病気になった。派遣されなくて良かったと」と家族で話しているそうだ。こんなこともあるのだ。

だれにも能力がある。できない学生などいない。得意不得意はあろう。先生のいう分野のことができないのかもしれない。しかし先生のできないことをやれる学生はたくさんいる。高齢者の先生はデジタル機器に弱い。先生のほうができない。人間にはいろいろな能力があるのだ。

英語や数学はできないが将棋が五段の学生がいた。どの先生も将棋を指すとこの学生にはかなわない。この学生は先生より頭が良い、ということになるのか。能力にはいろいろあり、この能力は教育や訓練、経験でも変化する。これが教育の問題、力だ。できないからできるようになりたい、だから教育、訓練を受けるために学校に行くのだ。多くの大学の教師はできる学生を歓迎する。大学の教師には授業料をなぜとるのか理解していない人が多い。授業料に見合った教育を受けうることが本来求められているのだが、入学試験で高学力の学生を集めて教師の都合の良い授業をしていると言われてもしょうがない。

大学の教師は気楽なものだと感じる時もある。本来の教育者としての視点、役割を放棄していると言いたい。大学の先生はいわゆる教師ではない。自分は研究者で、教育は片手間の仕事と思っている人が多いと、仲間の先生が筆者に話してくれた。**学校選びにはその大学あるいは高校の教育力、教育哲学をベースに選び、自分の潜在能力、個性を発見し、能力を向上させる、つまり大化けできる教育を実施する学校を選ぶ必要がある。**筆者が大化け教育を大きく叫ぶのは、全ての人がそれぞれさまざまな能力を秘めていると考えるからだ。これを引き出し、能力を発揮し、社会に貢献する有意義な人生を送れるようになってもらいたいからである。教師本来の役割はそれに尽きると思う。多くの人は大学選びにいわゆる偏差値、ブランドをよりどころとしているが、教師に問われているのは教育力。学校選びには教育力のある教師のいる学校を選ぶことだ。

第1章

目標を定め前進、大化けアクセル

教育現場からの提言

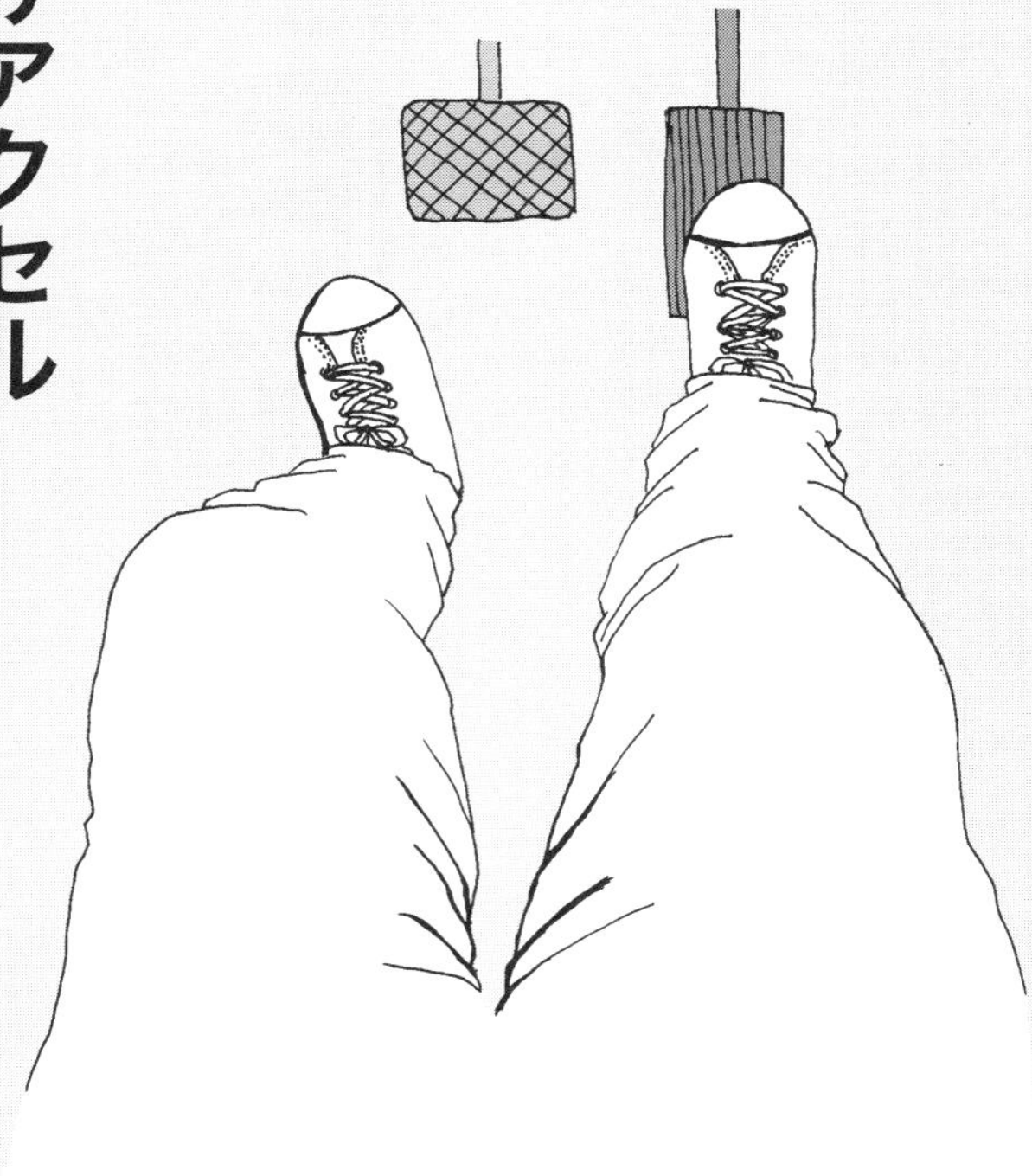

教育の大化け

少子化、長寿化で大転換期にあり、さまざまな問題に直面する地方、国家の大化けに必要なものは何か？　筆者の答えはこうだ。より付加価値の高いものを作るようになること、従来型のものづくりから、価値づくり中心の産業社会に転換することだ。多くの分野で生産性を上げるように制度、仕組みの革新・改革、発想の大転換が必要だが、日本ではなんといってもまず教育改革が必要だと思う。

これまでの教育が間違っていたわけではない。ものづくり中心の産業社会で、先進国に追いつくことが中心課題だった日本には適した教育だった。その基本はいわゆる偏差値教育で、暗記、記憶、知識偏重、学歴重視、協調性、仕組みや伝統、制度、しきたり重視、指示どおりに仕事をこなす能力、精神主義的な対応能力などを求める傾向が強かった。今までその重要性はしばしば認識されてはきたが、これからは小学校から、中学、高校、大学を通じ、**全面的に独創性、創造性、考える力、問題解決力、コミュニケーション力、探究心、科学する力、デザイン力、チャレンジ精神の育成が教育の大きな課題になっていく。**この変化が教育の大化けの始まりである。

このような教育改革は人口減少、健康長寿化社会でいままで以上に高い水準の産業社会の維持、発展に必要なのである。センター試験が廃止され大学入試制度もこの五、六年のうちに大きく変わる。高校の教育も同じだ。高校を卒業すると、到達度試験を受けることになるが、これが現在の高校教育にどのような影響を与えるかまだ答えはないが、従来のような大学進学一辺倒の教育に大きな変化をもたらすことを期待したい。大学教育も大変化、大化けすることを期待している。大学教育だけではない、高校教育も中小学の教育も変化し、個々人の持つ力が発揮でき、人生目標、ロマンの追求、社会貢献に焦点を当てた教育に進化してゆくことを期待したい。人はなぜ学ぶのか。もう一度考える時代が来たのだ。

パラダイム転換と教育

これまで、日本の社会変革は、イノベーション、とりわけ技術革新によって起きるものと考えられてきた。いま日本が迎えつつある大転換は、技術的なイノベーションだけでなく、人口減少や長寿化、グローバリゼーション、情報化などを含めた複合的なものが要因となって起きている。そして我々の周辺ではいろいろなことが根底から変化を求められているのである。今までの価値観、生き方から社会制度、仕組み、働き方、人生観までいろいろな基盤に大転換が起き始めている。筆者はこれをパラダイム転換と呼んでいる。この変化は見えにくい。ゆっくりと、しかし大きく変化する。

このような大転換はすでに始まっているが、最も変化が遅れ、そして根本から改革を求められている分野が何回も繰り返すが教育分野である。これからの新しい社会構築には、変化を担う人づくりの方法を考え直さねばならない。

明治維新からこの方日本の変化、発展を支えてきたのは優れた日本の教育制度・教育観である。全国民が等しく教育機会を得られ、だれでも字が読めるようになった。第二次世界大戦に敗れた日本に再び教育改革が行われた。義務教育の対象が中学三年までに拡大された。焦土の中に学校を建て、教科書を無料配布、給食制度も始まった。この教育制度の根幹には欧米先進国に追い付き追い越す技術力、経営力、動機を備えた人材の育成があった。この教育を受けた人材が日本経済の発展を支え、日本経済は世界が注目する奇跡的な成長を遂げた。勤勉で、社会秩序を尊重し、指示命令に従順な知識レベルの高い人材を生み出し、社会に送り出した日本の戦後教育を大いに評価すべきである。

戦後間もなく筆者はアメリカに留学した。その時、アメリカ経営学会のリーダー的な教授が「われわれは日本の教育力を破壊することはできなかった。日本の教育力はすごい。この教育を受けた人材が復興に当たれば日本の再興は間違いない。日本は必ずいつの日かまた、世界の列強に伍するようになる。軍需用の生産から民需の生産に転換する日本が大きな発展を遂げるのは間違いない」と言った。この言葉は、戦敗国の将来の姿を悲観的にしかとらえられなかった筆者に、大変なインパクトと勇気を与えてくれた。そして、この日本はその通りになった。

現在の日本はまた同じ局面に立っているのだと思う。いま教育改革が叫ばれている。教育界がまず大化けを迫られているのだと言ってよい。これからの日本人は、個性を発揮し、創造的でチャレンジしなければならない。日本人はもともと優れた美意識、美学、生活感、センス、おもしろさ、情報意識、勤労観、倫理観を持っている。これらの優れた要素をベースに新しい価値創造、新文化・新文明を提案し、社会の発展に貢献することが、教育界の使命である。

意味のない偏差値

ここで筆者の見た日本の教育の現状を紹介し、これからの教育を皆さんと一緒に考えてみたい。

いい学校とは何か。たいていの人は、その学校を出て何人が超難関大学へ進学できたか、進学実績という尺度でみる。大学の学長をしていたころ、県内外の高校を二〇〇校以上回って、現場の先生たちと意見を交換したことがある。「うちでは東大に何人受かった」と胸と張る先生、「うちは就職者ばかりで、進学校ではない」と元気なく語る先生。要するにどこの学校も、もっぱら進学教育に熱を入れ、世間の評価を上げるために努力していた。進学実績に関心があるのは、先生と生徒、その家族だけではない。週刊誌までこれを取り上げて読み物にするほど、広い関心を集める。

ではいい大学、難しい大学とは何か。それは偏差値で測られる。偏差値は大学入試試験の難易度を示すものとして大手予備校産業によって生み出されたものだ。それをベースとして進学の指導、選定をする受験文化が生まれ、一流、二流といった大学の格付けが始まった。それが偏差値教育と呼ばれるいまの日本の教育風土を作り上げたのである。先生がそういう教育観を持っているのだから、生徒もそうなる。自分は三流大学しか入れなかったと、一生負け犬根性で過ごす人も出てくる。驚いたことに大学の教員にもこの負け犬根性がまんえんしている。俺は三流大学の教員だと思い、できない学生を教えているのだ、学生ができないのは教師のせいではない、そもそも学生の質が悪いと決め込んでしまう人が多い。

静岡県の有名進学校を卒業して、自由業で活躍する人に話を聞いた。「君は偏差値が高いから国公立の工学部に進学できるといわれて地方国立大学の工学部に進学した。卒業して一〇年、卒業生五〇人のうち、工学部での専門教育をベースにして働いている人は八人、残りの四二人は全然関係のない職業に就いている。私も司法書士の道を歩いている」と。この人の大学教育に国家、社会、本人が投じた資源の量（税金、時間、経費）から考えると何だか変だということになる。何のための教育か。ある医者に、どうしてこの道を選んだか尋ねたことがある。「偏差値が高かったから、高校の先生に医学部に行ったらといわれて、医学部に進学した。高校時代、自分から医者になるつもりではなかった」と話してくれた。

こういった教育で誕生する人材は、上司に言われたこと、指示されたことはきちんとできるが、世間でよく言う問題解決能力、自発性、創造力、対応力、挑戦力、提案力、自己主張力などに欠けるともいわれる。我々の教育文化、仕組み、あり方に問題があることが各界から指摘されるようになってきた。

いまここにきて教育改革が、いろいろなところで始まっている。前にも述べたが、二〇二三年までに偏差値試験と呼ばれている国によるセンター試験は廃止され、高校基礎学力テスト、大学入学希望者学力評価テストなどの導入が計画されている。

新しい制度では思考力、判断力、表現力などを重視して評価することになる。従来のセンター試験制度の試験とどこが違うのか。実際に実施されてからでないと判断できないが、暗記力を問うような問題よりも構想力、問題解決力を問う問題が主流になると思われる。筆者の経験した戦後の教育、暗記、つめこみ、知識偏重の教育はあまり役立たないのを、この年になって強く意識する。例えば記憶を強いられた歴代天皇の名前や歴史上の出来事の年代は、今までの人生で何の役にも立ったことがない。基礎的な知識、理論、スキルを脳に蓄積することは必要である。しかしデータはパソコン、携帯ですぐ検索できる。暗記はすべてパソコンがしてくれる。あやふやな記憶よりも検索で入手するほうが頼りになるし、役に立つ。

先日、いわゆるディベートと呼ばれる討論会に出席して、いよいよこのような時代が来たのかと思われる場面に直面した。討論する人が全員タブレット端末をテーブルの上に置き、そこからデータを瞬時に呼び出し、討議するのである。必要なのはそのデータの読み方、そこから自分の意見を引き出す洞察力と構築力ということになる。発言力や説得力なども問われる。正解はない。暗記したことは役に立たない。いくら偏差値が高くても、有名大学を出たからといっても役に立たない。こういう場面がこれからはどんどん多くなる。筆者の実感である。

学歴より学力

ソニーの創業者の一人、盛田昭夫氏は創業期に「学歴無用、学力有用」を論じた。ソニーのイノベーティブな企業体質の基は、この言葉にうかがわれる。いま多くの日本企業がこの重要性に再び気づき「学力有用」に転じようとしている。そしていま、大化けの改革がこの線に沿って始まろうとしているのである。明治時代以来の教育改革だと呼ぶ人もいるくらいで、今回の改革では日本人の発想、仕事の仕方、評価法なども根本から変える可能性がある。

もうすぐセンター試験はなくなり、偏差値の意味が変化することは確実だ。高校卒業には到達度試験に合格することが必要になる。高校のスポーツ、部活の意味はどうなるのだろうか。甲子園出場の野球選手でも到達度試験に受からなければ高卒の資格はなくなるのかもしれない。大学入試も様変わりする。暗記した知識をベースとする従来の入試能力は大幅に変化することになると考えられている。これについては後でまた触れることにする。

最近、教育界ではアクティブラーニングという学び方が提唱されているが、これは先生の話をただ聞いている授業ではなく、実践したり体験したりしながら学ぶ方法。実際にやってみると、今までわからなかったことが突然わかる例も多い。なるほどと合点し、自信がつく。勉強に興味を抱き、できないと思っていた自分を再発見する。その結果、自分にもできるという自己発見が始まるといった具合だ。

現在の学校現場は先生の一方的な知識の伝達で終わることが多い。これでは教育の効果が少ない。第一おもしろくない。居眠りをする学生が出るのは当たり前。数学ができない、数学嫌いは先生のせいだ。教え方に原因がある、という人がたくさんいる。たいていの高校の数学授業は、受験のためのもので、方程式の暗記が中心である。

「なぜそうするのか、なぜこのような学問が誕生したのか、これは何に使えるのか」ということは積極的に教えない。数学にもアクティブラーニングの考え方が必要だ。生活の中、日常活動の中で数学を活用しながら勉強すると、数学を学ぶこともおもしろくなる。いわゆる文系の人は社会に出て数学をほとんど使用しない。皆さんは円周率を社会に出てから使用したことがあるだろうか。なぜ円周率を暗記しなくてはいけないのか。

なぜ勉強できない――人生目標・人生計画――教育の大改革

「なぜ勉強ができないのだろうか」「できる学生とできない学生がいるのはなぜか」と学生に問いかけてみた。アルバイトで忙しい、先生の授業がおもしろくない、生まれつきできない、自分には能力がない、そもそもこの大学に入りたくなかった、ほかに行けなかった――そんな答えを予想していた。ところが、翌週の授業で一人の学生から、思わぬ発言が飛び出し、驚かされた。

「なぜ勉強できないか。友人たちとこの問題で本気になって、何時間もディベートしてみて気が付いた。**勉強のできない本当の理由は、自分たちに、これといった人生目標がないから**だと分かった。よくよく考えて、自分が追求したい人生目標がはっきりしていれば、その目標達成のために一生懸命勉強に精を出すはずず。ところが実際は、何をしたいのかも意識していない」というのだ。ドキッとさせられた。この答えは真実をついている。人生目標を追求するといった大げさなものでなくても、**目標がしっかりしていると学びのエンジンがかかる**。自分の人生目標があり、その目標を達成するために学ぶべきことがはっきりしていると、学ぶ過程でぶつかるさまざま困難も乗り越えられるものだ。

あるとき老舗の中小企業の経営者から電話があった。ちょっと相談に乗ってほしいという。話を聞いてみる。息子はもともと勉強に興味がなく、ヤンキー風を吹かせて地元の商業高校を卒業した後ぶらぶらしていたのだが、親の跡を継ぐには少し勉強しなければならないということに気が付いて、今ごろになって大学に進学したいと言い出した。何とかならないか、というのである。

大学には社会人入学という制度がある。それで受験してもらった。面接した教員たちはこの学生にはやる気があり、潜在力がある。指導方法が良ければ大学は卒業できる、という判定だった。親の跡を継ぐ目標が明確になって、何を勉強すればよいのか目標ができ、学生生活が始まった。社会人としての経験、それに意欲と親の期待も働いて、めきめき力をつけ、大学院に進学したいということになった。国立大学の経営学大学院に無事進学、二年間で修士号を取得して親の会社に就職した。

いままでは老舗企業の立派な跡取りとなり、活躍している。このように大化けし社会で活躍している学生の例はたくさんある。

読者の皆さんは、自分の人生目標を持って毎日生活しているだろうか。就職するのはなぜだろうか。勉強する目的は何か。就職する人、勉強する人、自分の人生目標をきちんと具体的に描いて学んでいる人、働いている人は少ない。学生に聞いてみるときちんと人生目標を抱き、進学したと答える学生はごくまれだ。大学に進学することそれ自体が目的であり、大学を卒業したら就職（実際は就社）するだろうと考える。それ以上のことを考えている学生は非常に少ない。

研究が先生の本業か

大学教育を考える場合、その切り口の一つは、**なぜ授業料を払って大学に行くのか**考えてみることだと思う。学生が授業料を払って大学に行くのは勉強したいから、教えてもらいたいから。そしてよい職業につき、良い生活を送りたいから。こう考えたらどうなるか。

大学の先生はこんなことを考えたことがあるだろうか。学生は先生に研究費を払っているわけではない。授業料を払って、授業料に見合った、授業料以上の教育を受けたいからだと思う。大学の先生は学生がいくら授業料を払っているか知っているだろうか。その授業料を払うのに親も子もどのくらい苦労しているのか。特に国公立の先生はどう意識しているのか知りたいものである。授業料にふさわしい授業をしているだろうか。

自分の本業は研究なのであって、その合間に授業で教えてやる、大方の大学の先生にはこういう潜在意識があるように思われる。できない学生をできるようにする、学生の潜在能力を引き出し、素晴らしい人物に仕上げようなどと努力する先生は少ない。多くの人は大学の先生は教育者だと思っている。しかし、人を育てたいから大学教師になる人は少ない。大学の先生に大事なのは学会や学者仲間であって、そして自分の研究成果、発表する論文に対する評価が大事なのである。学生による評価は二の次と考える人も多い。だからできるだけ授業はしたくない。学生が面談、指導をする日になると、何かと理由をつけて遅刻したり、休講も平気な先生も中にはいる。

最近の学生は率直に発言する。「先生の書いた本、教科書だといわれて買ったのに使われたこともないし、試験にもその内容が問題となって登場しない。高い教科書を買わされた」「自分は二時間もかけて通学してくるのに、突然休講する先生がいる」と訴える学生もいた。もの言う学生が出現したという人がいるが、学生の声に耳を傾けて聴くのは当然のこと。先生はもっと学生との対話に時間を割くべきだ。あるいは、会話、対話する訓練、教え方、しゃべり方など、自身のスキルアップを図るべきだと言いたくなる人が多い。

研究室から出て社会との接触を持ち、社会の変化に対応することを学ぶべきだと話したら「世間との接触や対人関係に煩わされたくないからこの道を選んだ。できるだけ自分の研究室で研究することに徹したい。組織的に生きることが苦手なのだ」と正直に話してくれた教員が何人もいる。独立した企業家みたいな先生もいる。職人みたいな人もいる。管理されることが嫌いで、自分の考え、信条で動くことを旨としている人もいる。世間は世間、自分は自分と思っている人もいる。専門バカと呼ばれる人もいる。自分たちは視野狭窄症だと自嘲する人もいる。

こんな人は会社では勤まらないと思われる人も結構いる。大学が大衆化したことを嘆き、本来大学に来るべきでない階層の学生がいるとか、大学は大学教育を受けるにふさわしい者が来るところだと公言する人もいる。このような教師は、学生がなぜ授業料を払って大学に来るのか、真剣に考えたことがないと言われてもしょうがない。

日本の入学試験はだれのためにあるのか。先生が楽に教えられるようにするためだといっても過言ではない。センター試験が廃止されるとどうなるか。アメリカの大学のように大学独自で行うペーパーテストがなくなり、いわゆるAO、すなわち入学許可事務局が書類審査、面接を行い、学ぶ意欲、学ぶことにより社会に貢献できる力をつけうるかといった点に焦点を当てて判定することになるのではないか。もちろん高校で必要な最低限の学力を習得していることが前提で、いまいわれている到達度試験で所定の成績を修めていることは必要だ。

教育のグローバル化

今回の教育改革の過程を通じて日本の教育がアメリカ式に徐々に変化するのではないかと思われる。現在の日本の教育制度は戦後アメリカの制度をベースにしてできた上がったのだが、いつの間にか日本化してしまった。この間アメリカの教育制度も大きく変化を遂げているが、筆者の見るところ、グローバリゼーションの波は教育界にも波及し、アメリカ式が世界の教育で標準とされる動きが出てきているように思われる。ビジネスのグローバル化、品質標準や安全規格、法規制の標準化、社会保障制度の互換性などが急速に進展し、教育の在り方、制度も次第にその影響を受けるようになっていることが背景にある。ＥＵ圏の発展もこの傾向を促進している。特にユーロ圏では各国で取得した大学の学位や資格を相互に認定し合う制度が浸透し始めている。ＥＵ圏内で活躍する公認会計士や医師は、免許の取得に際し、標準化した知識、スキルの教育を受け研修していることが前提となる。ＥＵ各国が定める国家資格が他国でも受け入れられるようにするために、共通化した標準的な教育制度が求められるようになる。日本も同じ方向を向きだしているといってもよい。そうなるとどのような変化、改革が考えられるのだろうか。

１・教養知識は大学の学部で学ぶ

多くの大学で学部レベルの教育は教養中心のものに変わる。日本の大学には専門科目名を付けた学部が存在する。看護学部、医学部、法学部、文学部、経済学部などがそれ。アメリカでは医学部、法学部の専門教育は大学院で行われる。学部で四年間の教養教育を受けてからメディカルスクールと呼ばれる医学部に進学する。法律も同じ。法科大学院で学び、弁護士資格を得る。経営学は経営学大学院で学び、ＭＢＡを取得する。大学は一般的に教養教育が中心である。基礎的な教養知識は大学の学部で学ぶ。将来専門知識を習得することを前提に、必要な教養的な専門知識を学ぶ。これが基本である。

日本では大学で入学した時から専門知識を学ぶ傾向が強いが、実際問題としてこれからの高度な知識産業社会では学部レベルでの知識では不十分である。企業に所属して少しくらいの研修と経験を積んでも、即戦力にはならない。大学院レベルの専門の教育が必要だと考えられる。アメリカでは一般教養を中心とする学部教育をリベラルアーツ教育と呼んでいるが、日本の大学の学部教育の中身もこのような形になるのではないかと筆者は考える。高等教育の一般化はこれを推進すると考えられる。戦前の日本ではほんのひと握りの人しか大学に行けなかった。戦後、大学は広く一般人にも開放され、進学率が六五％近い地区も出現。静岡県では五〇％近くなっている。これは大変好ましい傾向である。アメリカでは戦後、兵役に従事した人には大学の授業料や生活費まで支給したこともあり、大学の大衆化が進展した。

大学教育で習得した専門知識やスキルを問わないで、大卒者を採用している日本の会社文化についても言及する必要がある。多くの企業では大卒の人材条件にコミュニケーション能力、協調性、忍耐力、語学などを求めるが、工学系や医療、看護系を除き、大学での専門知識を強く求める企業は少ない。アメリカの企業は学力主義だ。企業に入ったら何ができるかが問われる。日本の企業は大きなアマチュア集団だという人もいる。企業の採用条件が変わらなければ、日本の教育はアメリカ型に変われないという意見もある。日本企業の求める人材条件を満たすにはむしろ、教養中心の学部教育に転換するほうが実質的だといえる。

2・よき教師であることが最も重要

今までの大学の教員は研究者であることが誇りであり、それが本来の役割とされてきた。これからは研究よりも教育が重要、それを主体とする大学が出現する。一般的に優れた研究者が良い研究者だといわれているが、本当にそうか。良き選手は良き監督になれるというがそうなのか。筆者の所属する静岡産業大学は教育第一を掲げている。最先端の教育を行うためには最先端の研究が必要だと主張している。しかし、よき教師であることが最も重要で、魅力ある教育法を磨くことを呼びかけている。本書でいう「**大化けさせる教師**」を求めているのである。最近は教員の採用条件は博士号の取得者、取得できる見込み者としている。アメリカの大学では博士号が教員になる最低資格である。おそらく日本の大学もそうなるだろうと思われる。ちなみに大学職員も採用に当たり修士号取得者を優先しているし、現在の職員にも修士号の取得を奨励している。

教員に求められる要件は学生の個性を発見し、それを伸ばせること、できないと考えられる学生をできるように、やる気を起こさせるようにすること、学ぶことが楽しくなるような工夫ができること。教育力、指導力でできるだけ短期間に必要な力を身につけられるように工夫をすること。アメリカの大学は入るのは優しく、出るのは難しいといわれるが、日本の大学教育もこの道をたどることになろう。

ハッピーな教育

ディズニーランドになぜ行くのか、何回行ったことがあるか。こんな質問を研修会や講演会の席で出席者に投げかけてみると、行ったことのない人は数パーセント。たいていの人は二、三回。にやにやしながら一〇回以上と答える人が何人もいる。地方から親子四人でディズニーランドに行くとなると、その費用はばかにならない。大学の授業で同じ質問をすると三、四回と答える学生が一〇人以上は出てくる。人はなぜディズニーランドに行くのか。人を楽しくしてくれるから。お金を払って笑いに行く。笑いたいからお金を払う。

日本ではこれまで、楽しいことよりつらいこと、厳しいことが尊重された。教育の現場も例外ではない。ディズニーランドはこの逆だ。お金を払ってウキウキしながら行く。ディズニーランドは楽しくしてくれる。楽しみを求め集まる人をベースにして成り立つビジネスだ。それが毎年高収益で成長し続け、年間訪れる人は一五〇〇万人を下らない。

勉強嫌いはなぜ起こるのか。勉強がおもしろくないから。楽しくないから。数学嫌いはなぜ起こるか。数学の先生がおもしろくない、怒ってばかりいる。教え方が下手だから、学校が楽しくない。

大学の入学試験で日常学校で使用している数学の教科書を持参してもらい、教科書に出ている問題を面接教師の前で解いてもらったことがある。学生はすらすらと回答し、いくつもの問題もすべて正解だった。そこで教科書にない簡単な問題を解いてもらうことにした。なかなか回答できない。教科書にある問題は解けても、教科書にない想定外の問題は解けない。よくよくただしてみると、教科書に出てくる公式も問題も丸暗記していた。なぜそうなるのか、その数式が何に役立つのかを理解していないのだ。先生に「よく分からないなら、まず暗記するように」といわれたという。数学のできる学生は数学のおもしろさを知っている。

もっと驚いたことがある。教科書を持参するようにと言ってあるのに、持参しない受験生が何人もいる。どうして教科書がないのかと聞いてびっくり。高校三年生になると教科書は使わない。問題集だけだという。数学の問題集、英語の問題集を使用する授業が大半だという。その数学が何に役立つのか、なぜ数学を学ぶ必要があるのか、それを知っている学生はごく限られている。数学のおもしろさをおもしろく教えてくれる先生は数少ない。

教育とは何か。教え育てる、つまり持っている個々の能力を引き出すことだ。ところが現実は特定の知識を暗記すること、試験でよい成績を上げることに主眼がおかれている。先生はしかる。多くの学生にとって学校は楽しい場ではない。部活に夢を託して大学に行く人も多い。多くの先生は授業が楽しくなるように、楽して学べるようにしようなどとは考えない。楽しくそれを伸ばす。学生に自信を持たせる、大化けさせる工夫がまず必要である。学ぶことが楽しくなると、学びに自発性、積極性が生まれてくる。楽しいからますます精を出す。**大化けには楽しさと自発性が不可欠なのである**。

学生が居眠りをするとか、私語をする、携帯を見ている、遅刻をする、宿題をやってこないとなげく先生は多い。先生の方に、そうさせない知恵、魅力が欠けている場合が多い。筆者の教育モットーは学楽・楽学（楽しく学ぶ、そして楽しむことを学ぶ）。

だれもがその気になれば大学に行けるようになり、学ぶ学生の行動様式、育った背景、意識、考え方もこの数十年大幅に変化したのである。いま大学教師の教育者としての意識、教育力に対する変化と進化が求められているのだと思うのだが、これが一向に進んでいないのである。

職場も同じ。楽しい職場は何か考えてみる必要がある。楽しい職場は生産性が高い。従業員が早く職場に行きたくなる、遅刻も減る、途中退社率は減る。事故も減る。従業員の積極性は変化と進化を生む。会社に対する忠誠心・愛社精神も高まる。一番生産性の悪い職場は奴隷職場だという。時代は変化したのだ。何が人に楽しさを感じさせるのか、もう一度考えて組織運営を考える時が来ている。

これからの人づくり

能力は人によってさまざま。適材適所、個性発見、強みを生かす。これからの時代に必要な人材活用の基本的な視点だ。創造力、企画力、コミュニケーション能力、先見力、美意識、匠の技、センス、勤労観、ワークマンシップ等々、偏差値で測定できない能力がこれからの社会では不可欠となる。

偏差値試験で測定できる人間能力はどのくらいかと聞いてみると、二〇%くらいだと答える人が多い。筆者も実感的、体験的に見てそのくらいではないかと思う。人間の能力で測定できるものはある。走る能力、視力、聴力、把握力等々、ある標準と比較してどのようなレベルにあるかを判定することができる。音楽に優れている人、デザイン制作に優れている人。人を笑わせることに優れた人。人の能力にはいろいろある。数学ができる人が偉いわけではない。数学ができてもサッカーの選手にはなれない人もいる。偏差値が高くても体力がない人、メンタルパワーの弱い人、時間管理の能力がない人、協調力のない人は社会でその能力を発揮できない。

前にも述べたが筆者は大学人となる前、三〇年近くブリヂストンという企業に勤めた。創立者の石橋正二郎さんは久留米の足袋屋で地下足袋を発明し、そこから世界一のタイヤメーカーを育てた。この石橋さんは日本庭園が大好き。自分でも庭園の設計、造園に関心を強く示し、手も出す。その石橋さんが筆者にこんなことを教えてくれた。「日本庭園には大きな石も、小さな石もある。大きな木もあれば小さな木もある。肝心なのは、置く場所、植える場所で、これを誤れば銘木も素晴らしい石も光らない。名もない樹木、植物も場所次第で輝くものだ。ダメな石、ダメな樹木などない。ダメな人などいない。ダメなのは人間の能力を見いだし、活用する心構えのないことだ」と。

適材適所という言葉はだれでも日常よく耳にするが、なかなか現実はそのようには動いていない。人はさまざまな才能を持っている。それぞれの場所で個性と能力を発揮し光り輝く。世の中のために役立つ。それが大切なのだし、周囲がそれをアシストすることも重要だ。

ただ、自分の才能を見い出すことは容易ではない。自分で見い出す何か方法はないか。その一つ。「好きこそものの上手なれ」という格言に答えがありそうだ。自分が興味のあること、自分でやってみたいことをするとうまくいくということだ。自分が好きなこととは何か。子供の時に好きだったこと、したいと思ったこと、得意だったこと。そこに答えがよくあるものだ。学生が勉強のできない理由として〝人生目標がないから〟と発言したこの言葉にはまことに含蓄がある。

第2章

ロマンでさばけ、大化けハンドル

企業戦略のツボ

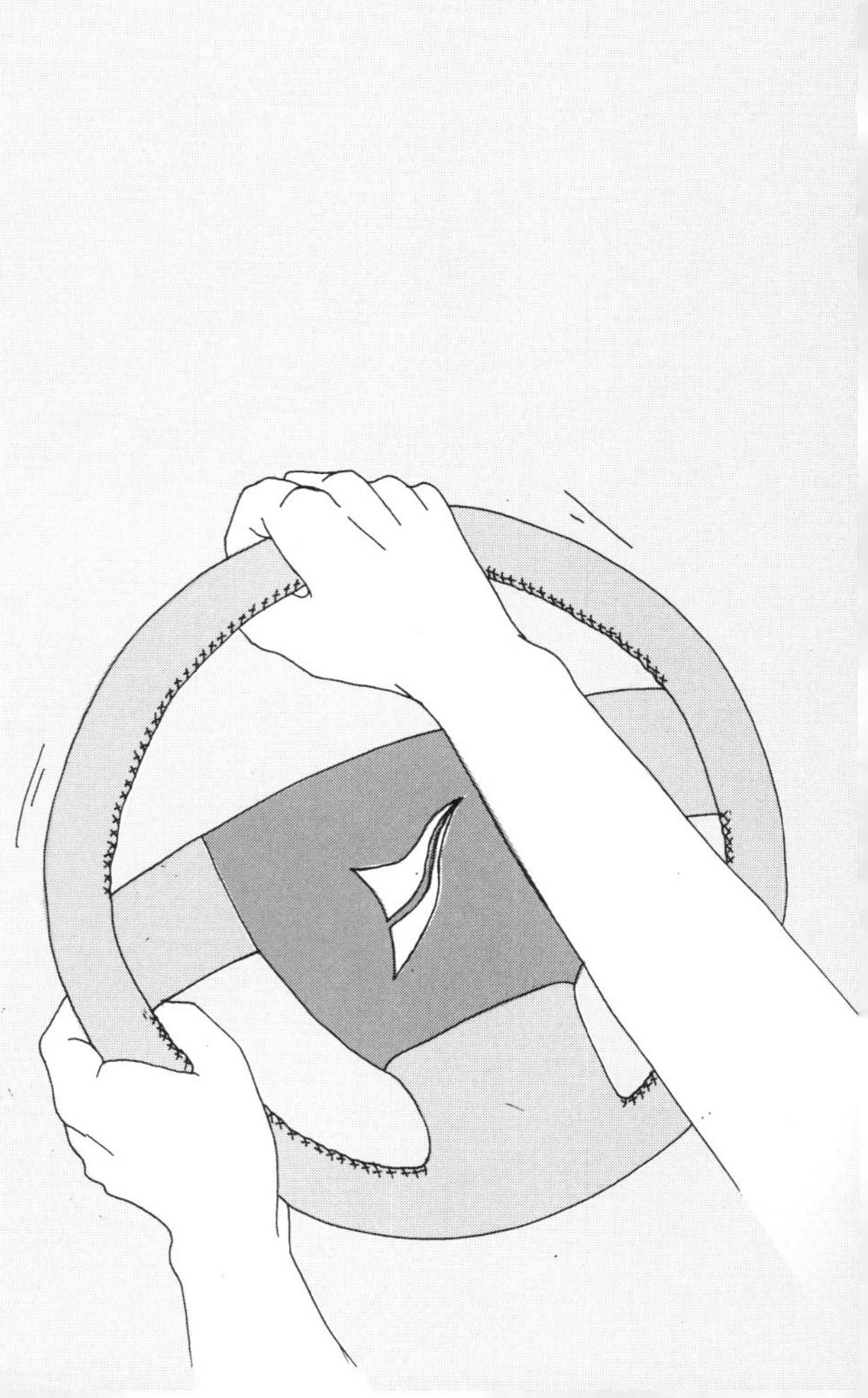

期待の魔術

人を育てるという考え方の根底には「完全な人などいない」「人はさまざま、個性があり、得意・不得意がある」という考えがある。人間の不完全さ、不足を補い、個性が発揮できるようにする、できるだけ理想的なものに育ててゆく。早く育つ人もいれば、時間のかかる人もいる。「むかし神童いまただの人」というやゆ的表現があるが、人を育てるには、大器晩成という視点も大事で、これには寛容の精神が求められる。

部下、学生、仲間、上司を大化けさせる方法、「期待」という魔法の言葉を紹介したい。〝**褒めて期待する**〟**これが大化けのきっかけを作り、大化けを促進する。**

アメリカでの研究で、長男は人生で成功する確率が高いとレポートしている人がいる。なぜ成功するのか。長男は両親の期待に応えようと努力するからだと説明されている。長男でなくても、人は期待に応えようとする傾向があるという。「君に期待している」とか、「期待に応えられず申し訳ない」などという会話をよく耳にする。期待の大きさがプレッシャーになり、失敗したりする。有名選手は世界選手権など強い世間の期待がかかる試合では、十分な力を発揮できないこともあるし、期待に応えようと発奮して思わぬ好成績を出すこともよくある。

この「期待」の言葉。かけ方に工夫がいる。それはタイミング、場所、声のレベル。かけ方が良いとモチベーションが向上する。どのような結果を出すとどのような報酬、ご褒美が出るのかを明確にすると、期待に応える努力が高まることが多いが、期待に応えた場合は褒めること、それはもちろん不可欠である。

期待には心情的なものが多い。期待を数値で示すこともあるが、多くの場合、満足感はあらかじめ心の中で抱いていた以上のものが得られた場合に感じ取られるものだ。この満足度を顧客満足度と呼び、五段階で把握することが多いが、あくまで心情的指標である。企業は顧客の満足を得るためにさまざまな努力をしている。顧客の期待に応える、期待に添うように努力するのが企業活動だと説明するビジネスマンもいる。顧客は何に満足すると満足度が向上するのか。P64を参考にしていただきたい。顧客はこれらの項目について期待感を抱いているようである。〝顧客の大化け〟つまり顧客がその会社に対して忠誠心や親近感を抱き、サポーターになるためには、顧客の期待に応えることが先決と考えるのである。この期待アプローチを学生に対して行う学校も出ている。授業に満足しているか、学食に満足しているか、職員の応対に満足しているか、学校の設備、イベント、サービスに満足してい

満足の感じられる要素・要因

ビジネスとは顧客への満足の提供

顧客の立場に立って考え行動すること

信頼性の高さ、提供

高品質かつ安全な商品、製品の提供

専門知識や経験に基づいたアドバイス

顧客とのよいコミュニケーション

アフターケアのよさ

気配り、真心

快い応対、態度　接客態度

心地よい施設、設備の提供

便利さ、重宝さの提供

異常事態への対応。臨機応変の動作、接客態度

適切な苦情処理、事故処理

苦しみや不合理なものを取り除くこと

迅速、待ち時間や時間ロスが少ないこと

時間や期限・納期の厳守

安価な商品、製品の提供

無差別かつ公平な商品・製品の提供

自由な選択を可能にする、品揃えが豊富

時間や空間による制約のない製品の提供

規律ある勤務態度

るか調査し、学生満足度の高い学校に変身しようという努力が始まっている。

期待に応えるための努力、何をどうすれば期待値が向上するのか。**人は期待に応えようと積極的な努力をするとき大化けが始まる。**この期待を示す場合には何を、どのくらい、どの程度期待しているのか、できるだけ具体的に示すよう工夫することが大事だ。

例えば「君ならこの目標値は達成できるよ」と期待を込めた言葉で目標を示す。そして期待に応えてくれた結果をできるだけ早く褒めることが重要である。もちろん具体的に期待値を示す場合、期待のレベルを少しずつ上げてゆくことも考慮すると、期待がストレス化することを避けることができる。期待感で人を大化けさせるにはこのような配慮が必要だ。人は期待に応え、褒められてゆく過程で、自分自身に力があることに気が付き、自ら学び、自信が生まれ大化けすることになる。期待理論の活用にはまず、努力すれば達成できる現実的な目標を設定することだ。結果が出たら、次の目標に向かう。少しずつ、結果を積み上げ、大きな結果を生む。継続は力なり、である。

自信の魔術

鶏を強いもの順に鶏小屋に収容する。一番目の鶏小屋には一番強いものから五〇番目のものまでを集めて収容する。二番目の小屋には五一番目に強いものから一〇〇番目のものまでを収容する。しばらくそこで飼育を続けてから、一番目の鶏と、五一番目の鶏を戦わせる。結果はどうか。勝敗は五分五分だそうだ。大会社で赤字経営にもがいている社長と、中小企業で好業績を上げている社長の二人に、ビジネス討論をさせる。すると中小企業の社長のほうが元気がよく、積極的な発言が多くて、聞き入る人を感銘させる。大会社ではうだつが上がらず目立たなかった人が、中小企業に転職して腕を発揮し、業績を上げている例をよく見かける。その人の顔は明るい。

この教訓は何か。格言に「**鶏口となるも牛後となるなかれ**」というものがある。優秀な集団、大きな組織でリーダーになるチャンスよりは、小さな組織でリーダーになるチャンスのほうが大きい。腕を発揮するのも容易だ。筆者は成績が良くて積極的な学生に「大企業に行くよりは、中小企業に就職し腕を発揮するほうが良い」とアドバイスしている。無名の大学で成績上位にいる学生は、有名大学の学生に能力では負けないものが多い。

無理して、時には親の見栄で、一流大学に進学する者がいる。大企業に就職しても数年でやめてしまう。ミスマッチだとか、職場の雰囲気が悪い、厳しいなどと離職理由をいろいろ挙げるが、大企業でわれもわれもと頑張る大勢の仲間の勢いに、自信を失ってしまうことにも原因がある。中小企業の職場も厳しいが、仲間の数は少ないし競争は少ない。いろいろな仕事を任されるし、大事にしてくれる。自信もついてくる。元気で頑張り、自分もやれると自覚するようになる。こうして大化けが始まる。

大学選びにもこの考え方を採用することをすすめたい。背伸びして一流大学に行くよりも、自分の実力、人生目標の達成に見合った教育を提供してくれる大学を選ぶ。そこで成績上位クラスの仲間に入ることだ。社会に出ても一流大学出身者と伍して、あるいはそれ以上の業績を上げることができるようになる。小集団の中で一番になる、これだ。

褒めてやらねば人は動かじ

職場での人材活用法を考えてみよう。その人の能力、センス、スキルを生かすことに人材活用のカギがある。人は持てる能力を常に最大限発揮しているわけではない。本来の能力の六〇％ぐらいしか発揮していないと指摘する人もいる。それをきちんと測定するのは困難だ。工場やものづくり、建築などの労働を伴う作業現場では、作業測定などの手法で各人の成績を把握して、ある程度能力の発揮度をつかむことができる。職場の班長、職長、現場リーダーなど部下への接し方、職場の雰囲気づくりが作業効率に大きな影響を及ぼすことが認識されている。このような経験をされている人が読者の中にも多いと思うが、どのような接し方、職場の雰囲気が作業成績に影響するのだろうか。

第二次世界大戦で日本の海軍を率いた名将山本五十六元帥の言葉「**やって見せ、言って聞かせ、させてみせ、褒めてやらねば、人は動かじ**」は、人を育て、人を動かすうえで不可欠な要素を端的に表現した名句として、いまなお経営者、いろいろな分野のリーダー、教育者、子供を持つ親の間でも注目され、高く評価されている。マスメディアにも時々登場するものだが「褒めてやらねば、人は動かじ」の言葉は現代社会、働く現場では特に重要な要素になっているように思われる。そして、その重みは増していると思う。

怒る管理職は時代遅れ

先日、歴史あるビッグビジネスの製造業の経営者が数人で懇談したいと来学された。そしてこんな話になった。今の若者はお金でも、地位でもなかなか動かない。課長になりたくない、部長になりたくないと平気で言う社員がいる。どうすればやる気が起きるのか、動機づけには何が必要か。人を動かすことの難しさ、経営者としての悩みがいろいろと披露された。

日本の産業社会は戦後長い間、大量生産方式の物づくりが中心であった。例えば、ベルトコンベアに向かって流れ作業をする工程では、定められたルール、手順、基準で、指示に従って、定められたペースに乗り真面目に作業することが重視された。一日中、繰り返し同一作業を行うという単純作業が中心の工場では、指示どおりに動く人を管理することが、職場のリーダーに求められた。

しかし職場環境、仕事の仕方、働く人の意識、教育のレベル、社会環境が変わり、働く人の意欲を高めることが、生産性の向上に不可欠だという認識が高まり、働く人の意欲を引き出すアプローチに関心が高まってきた。どうすれば人は動くのか。よく聞くのは「今の若者には根性がない。すぐやめてしまう。三年も職場にいない。いつかない。しかるとすぐしょげてしまう。転勤は嫌い。残業はお断り。言われたことしかしない。指示待ち族。今の仕事に満足、それ以上は望まない。3K職場（汚い、きつい、危険）は回避」といった言葉だ。最近ではブラック企業などが問題視されるようになっているが、このような傾向、風潮はこの日本だけではない。アメリカの社会でも同じような話をよく耳にする。この問題に日本の社会も直面する時代になったのだと思う。

産業心理学者の中森正純氏（静岡県立大学元教授）は、筆者と職場を同じくしていた時にこんなことをすでに発言している。「怒る課長は時代遅れ」と。先生の説明はこうだ。皆の前でしかられたのが引き金となり、ストレス症が顕在化する例が多い。社員の士気を損なうだけでなく、あたら有能な社員を失うことになりかねない。課長の前に行ったらものが言えなくなる。これでは成果が出ない。本当の実力は、怒ったり、威張ったりするところには存在しないと。この発言は平成五年の「静岡新聞」紙上にすでに掲載されている。

いま職場の最大の問題の一つは職場のメンタルケア。その原因はさまざまだが、今の人間は弱くなったでは済まされない。問題は解決されない。人間に対する新しい対応が必要で、特に職場のリーダーにはこのことが強く求められるようになっている。

徳川家康は二五〇年近い平和な徳川時代を創始した人だが、この家康が「**怒りは自分の最大の敵だ**」と言っている。テレビドラマではよく怒る社長や経営幹部の姿が登場するが、あのような場面は先進的な企業では見られない。先進的な企業のリーダーたちは、３Ｋ職場とかブラック企業には良質な人材が集まらないことを知っている。

一方で、働く側はいろいろなネット情報網を通じて、働きやすい、働きがいのある職場の実情を容易に知るようになってきた。機会があれば転職したいと思っている人が増加している。潜在的に有能で、やる気のある人ほどその傾向が強いように思われる。中森先生の指摘するように、有用な社員を失う可能性も高まる。人材集めに苦労する企業のリーダーは「人はなぜ働くのか、現代の若者は何を職場に求めているのか」を根本から考え、**今まで人事管理の考え方から「人材活用」の考え方に転換する必要がある**。少子化、人口減少時代に入り、人手不足の時代に入る。厳しく管理する時代から、やりがい、生きがいを感じさせる人材活用の時代に、この日本の産業社会が入った現実を直視しなければならないのである。

何を求めて働くのか

人はなぜ働くのか。自分の欲求を満たすためだ。よく言われるのは生きるため、生存欲求を充足させるためということになる。現在でも生きるために働いている人はこの日本にもたくさんいることは事実だが、そうでない人もまた、たくさんいる。働くことを「欲求」の視点から考えてみたい。人の欲求は人の置かれている社会、経済の状況や社会環境の発展によって変化する。この欲求の変化をマズローというアメリカの社会学者が唱えた欲求段階説（左頁図表参照）を参考にして考えてみよう。自分たちの欲求が充足されると、次のレベルの欲求に段階的に移行、変化してゆくという考え方である。

人間が最初に追求するもの、最低限の欲求と考えられるものは生命維持・生存のための必要品の入手である。必要品、欲求がある程度満たされると、人と交わる、地位、権威に対する欲求、快適な生活に対する欲求、貢献の欲求などが生まれ、よ

マズローの欲求段階

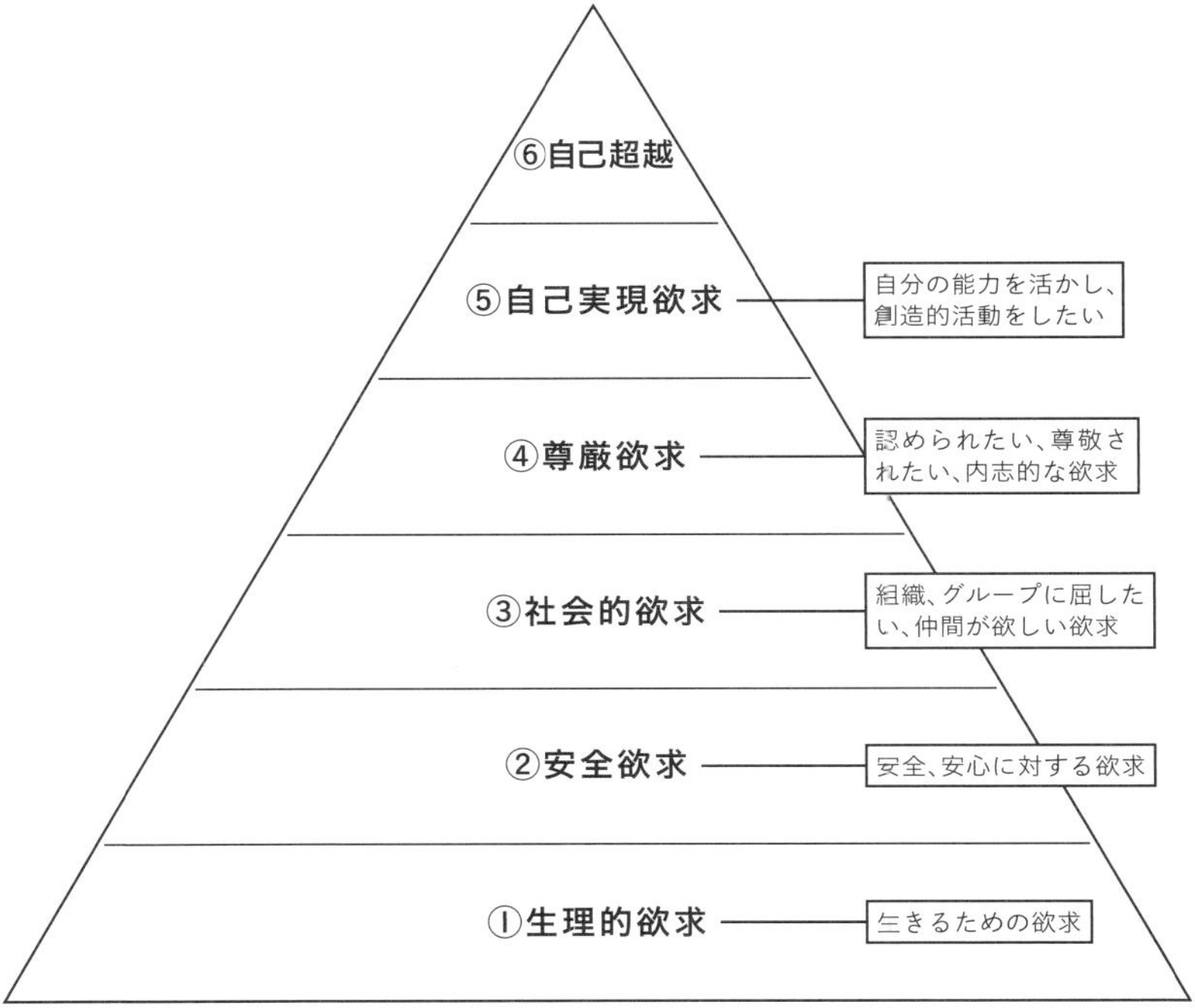

（下の方が満たされると上に欲求が上昇する。日本人の多くは③→④→⑤の段階にあり、⑤を追求している人が多い。⑥使命感、貢献感を求める人も増加している。）

り高い水準の欲求を充足するための努力をすることになる。最終的には自己実現、つまり自分の個性、能力、夢の実現ということになる。この欲求は人それぞれの置かれた経済段階、社会環境で違うものであり、人の暮らしている社会の経済状況、環境などから一般論として、働く人が追求する欲求をとらえてみることもできる。

いまの日本の社会は生きてゆくための最低限の衣食住に対する欲求はかなり充足されており、量よりも質の高い衣食住を求め、さらに高い何か違ったものを求めている人が大勢を占めていると思われる。

筆者の周りで、学生が自動車の話に夢中になる場面にお目にかかることはあまりない。現代の若者はかつてほど自動車に関心がない。免許証の取得にもあまり熱心ではない。学生との会話で登場するのは豊かさよりも幸福。ブータンのような幸福度に人気がある。

筆者はいま、大学の役割を見直すように提言している。大学は高校卒の入学者のみを対象にした教育組織から、社会人、定年退職者や子供までも含めて、学ぶことに関心、興味ある人を対象にする組織に転換すること。地域社会に対し教育、研究上の知見、情報、スキルを提供し、対価を獲得する組織に転換することを目標に大学改革を推進している。その変革の狙いは後述するが、日本の社会に起きている大変革がある。

通勤電車に乗るとすぐ目に入るものは、みんなが携帯電話に目を注いでいる姿。十人中七人は携帯で時間を過ごす。情報化が進展し、インターネットによる買い物が普及し始めた。商品の選択にインターネット上の情報を用い、買い物に出掛けないライフスタイルが出現。資料収集やレポート作りにインターネットを活用することに違和感がない。外国にも気軽に出掛けることができる。日本人はパスポートとクレジットカード、日本円を持っていればビザなしで大半の国に行けてうらやましいといわれるようになった。

最近ではシンプルライフを追求しようとする人が増えているといわれる。洋服も一〇着程度しか持たない、自動車は所有しない、できるだけ持ち物を持たない簡単な生活をよしとする新しいライフスタイルも出現しているようだ。

持ち家は当たり前になった。むしろ空き家の増大が問題になるほどだ。持ち家比率は六五%に達し、外国人にウサギ小屋とやゆされた日本の住宅の質もかなり向上した。古い民家を改造して田舎に住むことを計画する若年層が増加している。飽食の時代といわれるくらいに食生活は豊かになった。飢餓という言葉は日本の社会では死語となった。日本人の食生活が洋食化したことも手伝って、糖尿病が国民病の一つとして問題視されるようになっている。生存のために働く必要性は、ほとんどの人にとっては実感されないものとなった。

人々の欲求はここ数十年の間に、いろいろ変化している。何がこのような欲求変化をもたらしているか。一つは日本の社会全体が豊かになったこと、社会保障制度がかなり整備されたこと、社会教育も含め、日本人の教育水準が高くなったこと、情報化が進展し、情報の入手だけでなく、情報のやり取り、発信が容易になったこと。交通手段の発展と移動の自由、人権尊重に対する配慮と仕組みの浸透、平和で民主的な社会生活、安心・安全な社会がかなり構築されたことがあると筆者は考える。

働く人の基本的な欲求が大きく変化していることは分かったが、どう対応したらよいのか、どういう変革が求められているのか、今多くの伝統的な会社の経営者は悩んでいるように思われる。**いま問われているのはあらためて「人はなぜ働くのか」「人はなぜ学ぶのか」**ということではないかと思われる。キリストは、人はパンのみに生きるにあらずと言っている。今日の日本人はまさに、パン以外のさまざまな欲求を満たすために働き出したのだといえよう。

評価されたいという欲求

人はなぜ働くか。この理由に的確に答えることができれば、職場は活性化する。今までの多くの職場の人事観には「使ってやる、いやなら辞めろ。働かないなら辞めさせるぞ」といった雇用側の論理に意識的・無意識的に支配されてきたように思われる。ところが時代は大きく変わり、前述のように今は「その人の能力を活用する、職場で活躍してもらう」というように人材活用の視点へと、意識を転換することが必要になってきた。そのためにどうするか。何が求められるのか。

人が働く理由は何なのかを、原点に立ち戻り考えてみると、その答えの糸口を探ることができる。一言でいえば、多くの人が金銭的な報酬だけでは働かなくなってきた。確かに人はより高い報酬を求める。より高い報酬の得られる職業、職場に就職したがる。しかし本当にそれだけか。

多くの日本人は働きがい、生きがい、やりがいを口に出すようになってきている。金銭的な報酬、刺激以外のものにも強い欲求を感じるようになってきた。このような欲求の変化が起こり、**人事管理から人材活用に企業経営の視点を転換することが求められている**のだと思われる。前述のマズローの欲求段階の図をもう一度見ていただきたい。日本人の多くは、今や一番高い欲求段階の範囲に属している、あるいはその意識が高いと考えられると思う。

このような段階にある日本ではビジネス社会はどう変化・進化したらよいか。会社の目的と個人の目的ができるだけ一致するようにすることがまず重要だ。会社は利潤追求のため、生き残りをかけ戦っている。しかし「がんばれば地位も上がり、報酬も増える」と経営者がいくら叫んでも、なかなか従業員が反応しないのはなぜか。

会社の掲げる目標、会社の存立理由に従業員は共鳴しているのだろうか。企業の業績が上がれば従業員の報酬も増加する。確かにそうだが、それだけでは今の若者は満足しないのではないか。筆者も明確な答えは持ち合わせないが、従業員の個性を尊重し、能力を評価してくれる職場、個人的な生活を配慮してくれる職場、社会に貢献する企業活動と、自分もその一翼を担っているのだと実感できる職場、そういうものが求められているのではないかと思う。

自分の能力、自分の貢献度が評価され、褒めてもらえる。それが何よりの重要な報酬の一部になりつつある。そういう時代になったのだ。

先述の来訪された経営者にはこのように筆者の考えを述べたが、読者はどう答えるだろうか。とりわけ知識労働者が多数集まり、いわゆる価値を創造する組織、日

本の多くの組織はこの価値創造型に転換する必要があり、リーダーは今までと違った人材活用の心得、仕方が求められるようになってきているのだが、どのようなことを心得、留意することが必要なのか。おもしろいことに江戸時代の儒学者荻生徂徠は人使いの心得を次のように述べている。現代の知識労働社会でも共感を呼ぶものだ。「人には才能がある。その才能を活用するように心がけよ、能力ある人には、ほかの人と違ったところがある、そのことにとらわれて、その人の能力の活用を忘れてはいけない。上司は部下と才能を競うな。自分より優れた才能を活用することが本筋だ」と。山本五十六の言葉と一緒に、人を活用する心得を見つめていただきたい。

『徂徠訓』荻生徂徠（江戸中期儒学者）

一、人の長所を始めより知らんと求むべからず。人を用いて、始めて、長所の現るるものなり。

ニ、人はその長所のみを取らば、即ち可なり。短所を知るを要せず。

三、己が好みに合う者のみを用うるなかれ。

四、小過を咎むる要なし。ただ事を大切になさば可なり。
五、用うる上は、その事を十分に委ぬべし。
六、上にある者、下の者と才智を争うべからず。
七、人材は必ず一癖あるものなり。器材なるが故なり。癖を捨てるべからず。
八、かくして、良く用うれば事に適し、時に応ずるほどの人物は必ずこれにあり。

部下を大化けさせるには

「自分より優れた部下を持つと、自分の地位が危なくなる」と考えている人がどこの職場にもいる。このような職場では、前にも述べたが人事は管理、統制するもの、という発想が生まれる。自分の指示通りに仕事をすることを部下に求める。このような職場では言われた通りのことしかやらない風潮、文化ができ上がる。部下のミスを追及する、問題提起が増え、職場に不協和音が起こるようになる。そしていつの間にかその上司の管理能力、リーダーシップが問われるようになる。

ニューヨーク市にあるカーネギーホールは音楽会や演技の舞台として有名だ。このホールはアメリカの鉄鋼王アンドリュー・カーネギーが寄付したものだが、彼は自分の墓石に「自分より優れた人を使って成功した人」という言葉を彫らせた。これは部下を持つ人にとって大事な心得だ。部下にはできるだけ有能な、できるだけ自分より優れた人を集める。部下の才能を評価、発掘し、部下を育てる。その人たちの能力を高め、発揮できるように心がける、部下の能力を活用することの重要性を説いているのだ。

部下を使ってやるという態度の上司の下では、部下はそれなりの反応をする。積極性やチャレンジ精神が失われてゆく。部下はしらける。しかし上司や経営者はなかなかそのことに気が付かない。

部下の才能を発掘することに目を向け、自信を持たせていろいろな経験をさせる。仕事の企画、推進、改善に参画、提案を求める。こうした権限委譲型の組織では、職場に活気が生まれる。日本のように経済的に豊かになり、教育水準も高く、情報化も発展して、民主主義で自由を求め、人間重視を求める国では、人々は自分の能力が発揮でき、それが評価される。自分の目標も達成でき、自己実現を求めることが強くなる。

セルフスターターへの変身

部下が大化けした、あるいは自分が大化けした、友人が大化けしたと判断する手がかりの一つは、その人がセルフスターター型になったかどうかを見ることでもある。自分で目標を設定し、その解決、達成にあたり自分で考え、自分で行動する人、上司の指示を待つことなく、問題解決に自ら取り組む人間を、セルフスターター型の人間と筆者は呼んでいる。**人間が大化けし始めるとセルフスタート、自分で動き出す**。積極的で、ポジティブ発想を始めるようになる。

自分が何をしたいのか、仕事のこと、勉強のこと、生活のことで、具体的に自分なりに描く。時間を大事にする。積極的な考え方を持つ、少しずつ仕事をこなし、自分に自信をもつ、ぐちっぽい人を友人にしない、明るくて積極的、行動的な人と交際する。自分にご褒美を出す。愉快に、焦らない。スポーツが好き。ユーモアのセンスがある。これらがセルフスターター型の人の行動様式のようだ。

セルフスターター型の人間を生むうえで、上司が心がけなければならない要件の一つは**部下に対する信頼**である。信頼と期待には密接な関係がある。部下の能力、やる気、仕事の遂行、約束順守、協力性、自発性に対する信頼から始まる。上司の仕事を任せる。権限を委譲する。そして任された仕事をまっとうしようと部下が努力することが、部下を大化けさせることになる。上司が部下を会議に参加させ、仕事に参画させる。発言を絶えず促すことが大事だ。部下が価値ある存在であることを認識できるようにする発言、指示、教育が重要であることは言うまでもない。

また部下に対し情報の提供、共有に積極的であることも重要で、多くの信頼関係や部下のやる気の喪失の原因は、上司のコミュニケーション能力の不足、不適切さ、不透明性、偽りにあることが多い。時によると会社の重要な情報を外部の情報から知ることがある。新聞で初めて自分の会社のことを知るというケースをよく耳にするが、このようなことはできるだけ避ける手段、仕組みを常日ごろ用意しておく必要がある。従業員、部下にはあらかじめ何でも知らせておく心構えが必要である。

筆者の経営の現場、教育の場での経験、学び、経営学者としての知見、研究から、褒め方、評価法を、人を指導する立場にある人、職場のリーダー、先輩、子供を育てる立場にある人に、〝プロセス志向〟〝リザルト志向〟の二つの視点から整理して、いくつかまとめて次に紹介したい。

プロセス志向かリザルト志向か

人の行動、例えば勉強する、仕事をする、研究する、スポーツをする、このような行動を分析すると、それはその目標を達成するためのプロセスとそのプロセスが生む結果の二点から成立していることがわかる。簡単に言うと相撲は取るまでのプロセスと、取ってから結果、すなわち勝負の二点から成り立つ。

〝頑張れ〟という励ましの声は、このプロセスに取り組む関取の態度、努力、姿にかけられる。日本人の多くはこの頑張る態度、姿に感激し評価、褒める傾向が強い。よく頑張ったという褒め言葉は、生みだした結果よりもこのプロセスに対するものなのである。一般的に日本人は日常の仕事、行動では、どちらかというとこのプロセスを評価することに意識が働き、評価されることを好む傾向が強い。筆者はこの傾向をプロセス志向と呼んでいる。

アメリカ人はどちらかといえば結果を評価することに意識が働き、結果を評価されることを重視する傾向が強い。筆者はこれをリザルト志向と呼んでいる。もちろん日本人にもリザルト志向の人がたくさんいる。すべては結果だと割り切っている人が最近多くなっているようにも思える。

企業の人事評価制度は主として結果を評価することに焦点が絞られているように思われる。しかし、評価シートを見ると、努力や精を出したなどという項目をもうけてプロセスを評価しているものが多い。行政評価では結果を評価するものが中心。費用対効果で物を見るのは結果志向。企業の業績評価の場合、投下資本、採算、利益率、配当額など結果志向の評価が普通である。経営者はいつも結果で評価され、結果責任を問われる。政治の社会でも結果志向、結果で評価する傾向が強くなっているが、プロセスを評価している場合も多い。

何を、何で評価するかがその組織の文化、人の価値観、行動をしばしば左右する。読者の皆さんの属する会社、職場あるいは地域社会、家庭はプロセス志向か、それともリザルト志向か、どちらだろうか。日本の相撲にも野球にも日本人の褒め方の傾向が出ているように思われる。相撲には敢闘賞と努力賞がある。野球の賞にも同じ傾向があるが、結果も大事だが努力も評価するということだ。褒めるときはこの二点に留意する必要がある。もちろんプロセスとリザルトの双方を褒めると効果は抜群。結果を出すためにはそれを生み出すプロセスをうまく作動させる必要があるからだ。

〝褒める〟をプロセス志向とリザルト志向で工夫する

1・プロセス志向で褒める

努力、頑張り、スピード、忍耐、気配り、応対、マナー、センス、美的感覚などを褒めるとよい。筆者は教育効果、**やる気を起こさせるにはプロセス志向で褒める**のが第一と考える。例えば「その努力すごいね」とか「継続は力なり」といった格言を引用して褒めてもよい。できれば褒めるにあたり、どのプロセスを褒めているのか具体的に明示するとなおよい。例えば「君のA社の注文を取る時の説明は熱がこもっていて良かった。笑顔がよかった」といった具合だ。

2・褒めるのはどの〝結果〟かきちんと明示する

学生に、君の提出したレポートの提案、結論部分はA、クラスの中でもレベルの高いレポートだったと褒める。会社では営業成績や生産量、コスト削減など数値化しやすい結果目標を達成すると褒めるが、それ以外でも、職場ごとにリーダーの職にあるものは何らかの**褒めるための数値目標を独自に決めておき褒める努力をする**とよい。

3・褒める言葉をいくつか用意しておく

大事なことはわざとらしい印象を与えない配慮だ。部下にお世辞ととられないこと。「先生は学生におべっかを使っている、学生に気に入られようとしている」などの評判を招くような言葉を避ける。本気で褒めることが大切だ。何を褒めることが重要か。一言で言えば**小さなことでも事実を褒める**こと、オーバーな表現はしないこと。読者の褒め言葉は何か。「よくやった、いいところついている、まじめさが出ている」これも褒め言葉だ。自分で褒め言葉を三つ用意しておくと、褒める意思が働く。褒めることは相手を前向きに評価する言葉から始まるものだ。

4・褒める場所とタイミング

褒めるときは人前が原則。できるだけすぐ褒める。褒美はできるだけ早く出す。動物園や水族館では、調教師が動物や魚が芸を終わるとすぐにご褒美を与える。あれは、褒める、すぐ褒美を出すことの重要性を示している。逆にしかる場合には人目を避けることが大事。別室で諭すようにしかること。がみがみ頭ごなしにしかることには効果がない。しかることで、改善方法を教え、提案する、一緒になって、改善方法を考える、訂正する、やり直すといった心がけが効果を上げる。山本五十六元帥の言葉「やって見せる」である。

5・怒りは敵と思え

徳川家康の「怒りは敵と思え、忍耐は無事長久のもと」という名言がある。〝しかる〟言葉には、怒りが込められている。怒りは相手の反発を招くだけ。前にも述べたように日本の伝統的な文化には、厳しさを価値あるものとする傾向があり、褒めることをためらう。しかることより褒めることのほうが難しいと感じている人が多いようだ。褒めることが第一、怒りは自分の敵と言い聞かせ、しかる心を褒めるモードに切り替えて、自分のスイッチを入れる努力を怠らないことが大事だ。**しかりたかったら、褒めてからしかる**。

6・表彰のすすめ

大企業や先進的な企業、組織では表彰制度がかなりしっかりしているが、中小企業ではどうか。家庭では？　学校では？　卒業式ではいろいろな賞が出る。皆勤賞、努力賞、成績優秀賞等々。筆者の勤務する静岡産業大学では「一善二改革運動」と呼ぶ制度を設け、優れた善行、仕事の改革活動を表彰している。何でもよい、小さな善行を心掛けてもらい、それをみんなで表彰するのである。

静岡県庁では職員にひとり1改革運動を展開し、行政改革を推進している。表彰式では知事から表彰状をもらう。静岡県職員の改革提案数は日本一、行政改革のモデル県となっている。静岡産業大学では学生投票をベースに、ベストティーチャー賞を設けている。もちろん、授与式をみんなの前で行う。先生が博士号をとるとみんなの前で表彰し、記念品に国産の高級腕時計を贈る。かつて多くの大学では、優秀な成績の卒業生に、金時計や銀時計を贈る習慣があった。

いま、私の大学で贈呈される高級腕時計には博士号取得記念の言葉が彫り込まれている。日本語のレベルアップを狙って俳句コンテストも行っている。選者は関森勝夫先生で、全国から応募がある。優秀者には有馬賞が贈られる。競馬の有馬賞ではない。こちらの有馬賞は、元東大総長、元文部大臣で著名な科学者の有馬朗人先生が出す。毎年全国から何千人もの俳人が応募してくださる。また留学生のためにスピーチコンテストがあり、日本語能力の向上を推進している。

7・わが家の表彰制度を考える

結婚記念日や誕生日、父の日、母の日は褒める日と定めて、贈り物をしたり感謝状を贈ったりするのもよい。筆者の友人は三～五年ごとの結婚記念日に、お互いに表彰状、感謝状を贈るようにしているそうだ。またその時を目標に旅行を計画したり、ちょっと豪華な音楽会、イベントに出掛けたりするのだという。自分で自分に褒美を出す制度を作るのもよい。計画、目標を達成したら自分に自分で褒美を出す。

新車を購入したり、新型のTVやスキー具、釣り具の購入を考えるのも一つ。家族でディズニーランドに行くことを、自らの褒美と考える人も案外多い。

プロセス志向の視点

筆者の観察したプロセス志向型の人の視点、好み、思考、行動様式を次に挙げてみた。読者はプロセス志向型かどうか。読者の上司、仲間、部下はプロセス志向だろうか。


1・その人の業績、能力よりも、態度、姿勢、モノの言い方が気になる。

2・仕事そのものに取り組むことに生きがいを感じる。人が一生懸命仕事に打ち込んでいる姿は美しいと感じる。

3・完ぺき主義で、小さなミスが気になり、これの是正に必要以上の努力をする傾向がある。

4・仕事は小さいことの積み重ねであり、一つずつ地道にまじめにやれば仕事は最終的にはうまく終わる、結果が生まれると考える。

5・仕事をするための時間やエネルギー、資源・コストを無視する。何とかやればやれるものであると考える傾向が強い。

6・仕事を遂行するための方針、手続き、ルール、マニュアルは厳格に守らなければならない。職場の伝統や常識、慣習は守ることが大事だ。

7・仕事のミスを糾弾されないように、仕事のプロセスをきちんと守ることを常に心掛ける。仕事の結果が悪いのはマニュアルを守らないから、プロセスをきちんと踏まないからと考える。

8・人に仕事を指示する場合、期待する結果よりもそれを達成するためのプロセスを細かく、くどくど明示する。仕事をしている部下が守るべきプロセスが気になり、細かいことに口を出す。

9・仕事、活動に統一性、整合性、目的志向があるよりも部分、要素がうまくこなされているかが気になる。戦略的考え方、行動よりも戦術的な考え方、行動に傾きがちになる。

10・組織の中に〝管理（統制コントロールの意味合いが強い）〟という言葉、きちんと仕事をする言葉がふんだんに使用される。管理という言葉の本来的な意味は別としてこの言葉には組織活動がルール、方針通りに行われるようにチェック、コントロールする意味合いが強く感じられる傾向がある。

このプロセス志向の強い日本の風土、文化のなかでは日ごろの人間関係を重視する傾向も手伝って、お互いに感情を傷つけない配慮が働く。人のミスをとがめない、非難することを控える傾向が強い。こういう風土、文化の中で生活してきた人、仕事をしてきた人は、他人の言葉に敏感である。自由な発言、積極的な参加、参画を求めるためには会話のやり取りで、糾弾的な言葉の使用、揚げ足取り的な発言、細かい点で相手の弱みを厳しく指摘する発言は避ける必要がある。

国会で与野党のやり取りはしばしば糾弾的である。相手の弱み、問題点を追及することで、自分の活動を評価してもらおうとしているような印象を与える場合が多い。そしてあれがディベートの本筋だと思っている人も多い。世間でいうモンスターペアレント、モンスターペイシェントなどと呼ばれるクレーマーの発言は糾弾的である。会話、討議、質疑の場での経験からみると、糾弾的な会話、追及的な質疑では問題の解決が効果的に行われないことが多い。糾弾される側は構える。防衛意識が働き、前向きな本質的解決のために必要な前向き・ポジティブな取り組み、考え方、働きが鈍くなる。

このような事態が発生しないようにするためには、会話の力点を提案型、情報提供型、意見交換型のものに置くとよい。会話の初めに褒め言葉を入れると効果的で、その後の会話が進み、ウインウイン（双方が納得）の形で会話が終了することが多い。また会話の途中で適宜〝間〟を置くと効果が上がる。機関銃を撃つように一方的に話し込むことは避けたほうが良い。もちろん交渉が不調に終わることもあるが、交渉再開の糸口を残しておくことができる。このようなアプローチは基本的にはビジネスの現場、家庭、教育の場でも活用できる。これに加えて教育の場では寛容の精神、人を育てる心がけが大事だ。

リザルト志向の視点

リザルト志向型の職場、組織、リザルト志向の人にはどのような傾向がみられるか。


1・常に結果を重視、報告には結果を求める。まず結果から聞きたがり、結果から報告する傾向がある。

2・結果を上げることが重要で、手続き、手法、ルールなどは邪魔と考え、軽視する傾向がある。

3・大きく目的を描き、その目的を達成するために副次的にいろいろと仕事を企画する。目的をもって行動することが多い。

4・達成すべき結果をできるだけ数値化しようとする傾向が強い。たいていの目的は数値化できると考える。

5・人から仕事の仕方を干渉されるのを嫌う。独自の仕方で仕事をすることを考える。結果だけを報告する傾向が強い。情報の共有化を嫌う。情報の独り占め傾向がある。

6・仕事に前向きに取り組む。挑戦する気持ちが強い。

7・結果が良ければすべて良しとする傾向が強い。「勝てば官軍」的な思考がみられる。結果が良ければ多少のミスは容認する。無意識的にせよ、反社会的、法律違反的な行動に出ることがある。

8・長期的な結果よりも短期的、目先の結果を追求する傾向が強い。このために長期的な戦略を見失うことがある。

9・主義主張が強く、理念を重視する。ややもするとこれを他人に押し付ける傾向がある。

10・伝統、儀式、慣習、組織を無視する傾向が強い。新しいものが好きで、流行や世間の動向に関心が強く、情報に敏感である。環境の変化に対応する性向が強い。組織の縦割り行動を嫌い、横断的行動を好む。

結果を褒める

先に触れたように、日本はプロセスを大事にする社会だ。日本の品質が世界で高く評価されるようになった原因は、戦後たゆまず努力してきた品質改善運動。改善という言葉は国際的にも使用されるようになった。品質改善、高品質なものづくりには、日本のプロセス志向が強く働いたことに要因があると筆者はみる。

日本の匠のこだわりにもプロセス志向が働いている。アメリカの社会はどちらかといえばリザルト志向、結果を重視する社会だが、日本の社会も最近はリザルト社会に傾きつつある。結果重視、結果良ければすべてよしとする傾向が、いろいろな職場でみられるようになった。そのために何をしてもよいということなのか人権軽視、安全軽視、順法精神の欠落、倫理観の欠如、マナー違反などさまざまな問題も発生している。ビジネス社会では利潤追求が究極の目的であり、利潤＝結果の追求に走りすぎ、結果的に会社が社会の糾弾を受けることが多くなった。

しかしリザルト志向にも長所がある。筆者はそれは創造だと思う。どういうことか。筆者がアメリカで経営者として経験したこと。アメリカ人のセールスマンに、営業にあたっては会社で定めたルール、マニュアルを順守して行ってほしいと強調していた。大方のセールスマンはこの指示を守って売り上げ目標を達成しようと努力するのだが、時々「営業は結果だ。マニュアル通り営業活動しては売り上げは伸びない。自分のやり方でやりたい。営業も創造だ」と強調する者がいる。こう主張するセールスマンの営業成績は、ほかのセールスマンよりはるかに良い。ルール違反もないし、社是にもとることもない。このセールスマンは結果を効率的に上げるために、営業手法をいろいろ独自に改善したのだ。結果を上げるために新しい方法はないか、創造的な手法はないかと考えるのである。多くの新型のビジネスモデルにはこうして生まれたものが多い。

例えば今どこにもあるコンビニエンスストア（これはアメリカで生まれたものである）。お客さんに愛され喜ばれる小売業とはなんだろうかという発想が中心となって生まれた。既存の小売店をあれこれ改善工夫して生まれたものではない。お客さんに便利なお店をまず描いて、それを達成するためにどうしたらよいかを発想、お客さんに便利な店をデザインしていった。名の示すとおりお客さんに便利な場所にあること、夜遅くても日常のものが手に入る、値段が手ごろ、こんな便利な要素を組み立ててコンビニエンスストアが誕生した。

マニュアルやルール、プロセスを守って一生懸命努力したから、コンビニエンスストアが誕生したのではない。コンビニエンスストアを創造しようと企んだから誕生したことになる。このコンビニエンスストアが、日本で誕生しなかったのは何とも情けない。お客さまのために努力はしてきた。商人道、商人の伝統を守ってきた。結果はどうか。スーパーマーケット、モール、ショッピングセンターなどもアメリカから導入されたものだ。そしてそれらが日本に入ると、ビジネスのプロセスに工夫が施され、日本型のビジネスに変身していく。コンビニエンスストアも日本型に進化した。

会社の大化け―進化と変革

組織、社会には文化、風土と呼ばれるものがあり、人の行動、発想、評価はこの文化、風土と呼ばれるものによりしばしば育まれる。リザルト志向の強い文化の組織もあればプロセス志向の強い文化の組織もある。組織がどのような志向のもとで動いているか判断する方法の一つは、その組織で取り入れている人事評価制度の視点を見てみることである。人の能力、成績を何で、なんと評価しているか、じっくり見てみるとよい。一生懸命頑張った、努力したとか、書いてないか。創造的な面を具体的に評価し、その内容を評価しているだろうか。結果を数値で評価しているかどうか。

日本はいま経験したことのない基盤変動期にあり、システムのあらゆる面でイノベーションが求められている。日本がお手本としてきた先進国のモデルを、いろいろな分野で超える勢いにあり、非常に多くの分野を自らの手で新しく開拓する必要に迫られている。まさにお手本のない時代であり、新しいお手本を作る必要性に迫られている時代である。日本自体、産業界、教育界、個人生活、あらゆる分野で、大化けが求められているのであり、また大化けできる時代に入ったといってもよい現況である。

人が大化けするには、まずその人が個性を発揮し、人と違った考え、行動をし、注目され、それが評価されることが必要だ。他人の目線や評価、世間の常識を気にせず、わが道をゆく、独自路線を歩む人には大化けする可能性が高まる。後述するが**会社が大化けするのは、独自の目標、理念を掲げて、目標追求に一丸となる場合だ。**

例えばソニーは戦後、東京通信工業と呼ばれる零細企業から始まったが、独創的な製品、企業経営で絶えず大化けしてきたものである。ホンダも同じだ。浜松市の田舎町の鍛冶屋から二輪メーカー、自動車メーカーと変身を繰り返し、世界の自動車会社に大化けした。ホンダもソニーも独自技術を開発、独創性を売り物にしている。

中小企業は大化けのチャンスを有する宝の山といってよい。日本は中小企業が支えている産業社会で、今後の日本の大化けに必要なのは、中小企業の経営者が自ら大化けする努力だ。伝統を守る、今までの道を継続するという傾向のプロセス志向からリザルト志向の経営に転化することが必要で、経営者がまず大化けに挑戦していただきたい。

例えばバス会社はバスという交通手段を提供することが本業である。これに、バスの運転のかたわら顧客への情報を提供したり、バス停のそばにコンビニを開店して地域社会に利便性を提供すれば、事業領域は拡大する。静岡市に本社を置くグループ企業ＴＯＫＡＩはトータル・ライフ・コンシェルジュ（ＴＬＣ）、つまりお客さまの生活を支えるインフラサービスを提供するという会社のミッションを再構築、ホールディング会社を設立して、ロゴも新設。従来のＬＰガスの販売からコミュニティーテレビ、ボトルウォーターの販売、リフォーム事業へと領域を拡大し、今や静岡県の成長産業になっている。タクシー会社の中には、サービス領域を介護にまで伸ばし、介護タクシーの運行や、高齢者の送迎、食事の宅配などへまで領域の発展計画を練っているところが出現し始めている。企業活動の再定義が、大化けの出発点である。

会社が大化けするわけ

大企業は中小零細企業から生まれた。言われてみればその通り。かつての松下電器、今のパナソニックは松下幸之助が大阪の四畳半の部屋で奥さんと一緒に起業したといわれている。アメリカでは企業はガレージから生まれる、という。自分の家のガレージで細々と会社を興し、次第に成長させてゆく。シリコンバレーの会社にはこうして誕生したものがたくさんある。ビル・ゲイツが創業したマイクロソフト社もその一例だ。

小さな会社が大きくなる、大化けするのはなぜか。そのいくつかを紹介したい。

1・ロマンの存在

先にも触れたが、ある学生が「なぜ勉強ができないか」を考えてみたら、つまるところ自分たちに人生計画がないから、と気づいた。ここにカギがある。筆者はこれをロマン（後述のＰＤＣＡの〝Ｐ〟の核）と呼んでいる。企業家があくまでも追求したい自分のビジネスでの夢、この存在が大きい。ホンダ自動車の創業者はイギリスのマン島のオートレースで優勝するのが夢だった。世界で初めて真珠の養殖に成功し、真珠王と呼ばれた御木本幸吉翁のロマンは、世界中の美女の首に真珠のネックレスを巻き付けたいということだった。**会社経営者の抱くロマンの種類、中身、大きさ、取り組むパッションの大きさが企業の未来を決める。**NPOしかり、教育組織でも、家庭でも共通している。その組織を引っ張るリーダーの夢がNPO、教育、家庭の未来を握っていると言っても過言ではない。

2・ロマンの感染

ロマンに共鳴する人々が集まり、共同作業が始まる。その組織は活性化し、大化けすることになる。**組織のリーダーの大きな役割は、このロマン、目標設定にある。**企業の目標、目的の設定、ミッションの明示が組織の発展の方向を決める。創業者のロマンが大きい会社は大きくなる。ただ大きいだけではだめだ。経営者一人では大きな目標は達成できない。従業員、その家族、取引先、顧客、地域社会など、いろいろな人々との共同、コラボレーションが必要だ。これらの**人々に感染↓共鳴↓共同してくれるロマン**でなければならない。筆者の経験、観察、研究から、どんな要素がその目標、目的に含まれていることが必要なのか。そのいくつかを紹介してみよう。

まず社会貢献

第一は**その企業が社会に貢献するものなのかどうか**である。世の中のためにその仕事、活動は役立つものか。作っている製品、売っているもの、提供しているサービスは社会に役立つものか。社会が必要としているか。ちょっと当たり前のようだが、つぶれる会社はこの逆。社会がその会社の活動を必要としていないことに多くの原因があるのだ。

商店街で空き店舗が多くなり、シャッター通りなどと呼ばれているところが増加している。なぜそうなるのか。一言でいえばそこの商店の多くが社会の必要とするもの、サービスを提供しなくなったから。商店主は顧客のニーズに対応し遅れ、新型のビジネスにお客をとられる。競争に敗れ、社会貢献もかなわずシャッターを下ろす結果に。社会に役立たなくなると消えてゆくものが多い。

二〇一五年にノーベル賞を受賞した大村智北里大学特別栄誉教授は、祖母から「世の中の役に立つことをしなさい」と言われ、常にそのことを念頭に研究活動をして、抗寄生虫薬イベルメクチンを開発、一三億の人々を病気から救った。こういう俊才だけが社会貢献をするわけではない。例えば農家は、生命維持に不可欠なものを提供し、人類の生存に貢献している。おいしいもの、安全なものを提供して喜ばれる貢献産業である。「困っていることを解決します」と呼びかける企業が目立つ。人がやりたくないこと、危険、汚い、きついのいわゆる3K企業は、社会が必要としており、社会に貢献しているものが多い。

優れた会社は社是や社訓を掲げ、会社の存在理由、活動目標を明示している。就職しようとする人はそれらをよく調べてみる必要がある。その会社がどのような形で社会に貢献しようとしているのか調べてから、就職を決断することを勧めたい。これからの長い年月をその会社で働くつもりなら、働きがいのある仕事なのか、会社の掲げる貢献目標に参加する気持ちになれるのか、リーダーの理念、経営哲学に共感・共鳴できるのか。その人柄、ロマンに引きつけられるものがあるのか、よく考えてみることが重要だ。

企業は利益を追求する。利益を上げられなくなると存在できなくなる。利益が出ないのはなぜか、社会に貢献しなくなったからではないか。実際多くのケースを観察すると、利益は社会貢献した結果ついてくるもので、貢献のご褒美だと考えるほうが適切なような場合が多い。ある中小企業の経営者が新入社員教育で「君たちの給料は俺が払っているわけではない。君たちのお客さんが支払っているのだ」と訓示したそうだ。これは重要なポイントをついている。

経営者が自分の企業目標、ミッションを書き直してみることで大化けすることがよくある。社員全員参加でロゴや名称を変えることで企業活動の心機一転を図ることをCI（コーポレート・アイデンティティー）運動と呼んでいる。会社の目的、役割を再検討、再構築し、新たな発展計画を作成する。個人でも自分のCIを試みてみるとよい。自分のロゴを作る。名刺を自分なりに作成し、その時に自分の役割、自分の人生観などを表明できる工夫があってもよい。家族ではどうか。地域のCI活動を試みるのも手だ。地域の名称変更、地域特性のイメージロゴを作成するなどいろいろな手がある。もちろん基本はその地域のこれからの在り方、役割、ミッションの再構築であることは言うまでもない。

創造的かどうか

第二はイノベーティブ、つまり創造的であるかどうかだ。ダーウィンは「変化に適応し変化するもののみが生き残る」と言った。大きくても、強くても、変化に適応できなければ生存できない。このことは会社、技術、製品、仕組み、制度、プロセスなど多くのことに当てはまる。環境の変化に応じて変化し、進化しなければならない。会社の存続には七、五、三の原則があるという。起業して三年以内に業績不振、廃業を迫られることが多い。三年の寿命を生き延びるのは千社に一社しかないという人もいる。その次の節目が五年、累積赤字が解消され、利益が出て配当もできるかどうかだ。そして七年たつと会社は軌道に乗り始める。一〇周年記念事業など会社がいろいろお祝いするにはわけがある。七年で軌道に乗った社業は一〇年たつと、巡航速度に達したという実感が持てる。こうして生き永らえた企業も、三〇年が寿命ともいわれる。**企業の寿命は環境変化に応じたイノベーションを絶えず続けられるかどうかによって大きく左右される**。

イノベーションという言葉、技術革新と訳したために、狭い視野で語られがちだが、ことは技術だけの問題ではない。業態のイノベーション、事業分野のイノベーション、市場、顧客のイノベーションなどから、経営手法、人材活用、経営哲学なども含まれる。システムや手法、デザインによりもたらされる感性的付加価値も含むし、経営上のイノベーションの重要性も力説されている。マーケティング志向への転換もその一例だ。従来のように送り出す側の視点だけの経営ではだめで、受け取る側、つまり顧客視点で考え直す必要性が力説されるようになった。

先進国社会は一九三〇年代以降、多くの分野でものづくりが容易となり、過剰に生み出されたモノは、顧客の目、消費者主権の目で選ばれ、淘汰される時代になった。そのことに気づいていない企業がまだ多い。顧客のライフスタイル、嗜好、欲求、ニーズは絶えず変化する。その変化に気づき、先取りするビジネスが求められている。経営者に変化に応じる眼力と体力がなければ、企業は衰退する。言い換えれば、**環境がいろいろな点で大転換しているこの時代こそ、企業にも、都市にも、個人にも大化けのチャンスが到来している**ことを力説したい。

PDCAのおまじない

物事はどのように進行するのか、それをとらえる視点としてPDCAという手法が知られている。われわれの日常行動もPDCAで動いているのである。P（プラン＝計画）→D（ドゥー＝実施）→C（チェック＝確認）→A（アクション＝再実行）というプロセスで動いている。会社の事業を計画する（P）→事業を進める（D）→事業の方向性が正しいか確認（C）→計画通りならそのまま進行（A）という具合。大きなことも、小さなこともこれが原則で動いている。

すべてはPから始まる。先に述べた「褒める」手法はこのPをうまく推進させるアプローチなのである。人が生きていくための目標がPであり、会社の発展も、地域の発展もまたPで決まる。

このPの見直しがいま必要なのである。見直し次第で大化けが始まる。Pの設定はだれの責任か？　個人の場合は個人、組織の場合はリーダーの責任である。リーダーの最大の責任はこのPの設定にあり、誤ると組織は迷走、崩壊する。**リーダーシップの源泉はリーダーの目標設定能力にある**。

大学の改革でミッションの見直し、策定に苦労したが、それは大学の進むべき方向を示す必要があったからだ。わかりやすく説明すると、船長が行く先のPを決めなければ大海の中を船はさまようだけ。漁船でいえば魚は取れない。

中小企業が大企業に成長できるかどうかは、経営者の器が左右するとよく言われる。前述の経営者の抱く夢、すなわちPが大きいかどうかである。経営者にとってPの作成が一番困難な仕事である。時には最大、最善の英知、情報を集めて作成する必要がある。多くの会社がPの作成に多くの人材を集め、長、中、短期にわたり計画を練らせている。企業のトップの座にある人には総合企画部のようなPの作成を経験した人が多い。

努力が報われるために

人間というものは、Pを達成するために日々努力している。努力しても報われないとしたら、努力の対象であるPが間違っているのではないか。シャッター通りの商店主が、一生懸命頑張っているのに売れないと嘆く。数十メートル先のお店ではどら焼きを買うのに一〇メートルの列ができている。お客さんがほしいものを売っているのだろうか。売り物、サービス、価格が現在の顧客に振り向かれるものだろうか。

時代の変革のスピードは速い。事業環境はどんどん変化、進化している。いつでもPを見直す、再構築する必要がいろいろな分野で起きている。Cすなわちチェックのプロセスが重要だ。Cプロセスで異変に気が付いたらPを見直す。Cを確実なものにするためには外部評価、外部の助言、外部との接触、情報入手の努力が極めて重要である。先端的な企業は情報収集のために海外に情報組織を配置しているところもあるし、いろいろな情報交換会、セミナー、研修会、勉強会などに情報収集のネットワークを広げている。

企業の中には顧客のクレームを重要な情報源として位置づけているところもある。

お金と時間をかけてわざわざ苦情を述べてくれる人はありがたいとする考え方である。苦情は改革の宝と称する人もいるくらいだ。もちろんこのような立場をとるためには、それ相応の仕組みを作る必要がある。最近の情報技術の発展を利用してこのような情報対策を講じているところもある。ツイッター、フェイスブックなどのいわゆるSNSやインターネットで顧客が発する声（いいね、悪いなど）に注目して、自己の製品、サービスを点検しているところも多くなっている。企業人、組織人、サラリーマンはこれからの時代、積極的に外部の変化に接する機会を自ら作る努力が必要だ。**企業にも個人にも大化けのチャンスは外部にある。**

マスコミの効用

マスコミに取り上げられる。これは人を奮い立たせるすごい刺激剤だ。新聞、ラジオ、テレビ、雑誌、インターネット、ツイッターなどマスコミにもいろいろあるが、マスコミに取り上げられ、報道されると、取り上げられた人は元気になる。励みになるという。人だけではない。ある組織がマスコミで話題になると、その組織の人だけでなく、家族までその組織のことを誇りに思うようになることがある。

このような効果を狙って、広報に力を入れる企業もある。筆者は大学の先生の研究や活動、職員や学生の活動をできるだけマスコミに取り上げてもらえるように心がけている。あまり知られていなかった先生の研究内容を新聞で取り上げてもらった。夕刊の社会面の囲み記事で紹介されると、先生にいろいろなところから問い合わせがあり、この先生は本当にうれしそう。「教師生活にやる気が出ました」と教育に一層の力を入れてくれるようになり、マスコミの効果にびっくりしたことがある。世間で自分のことが話題になる、認められたということが、人に自信を持たせ、奮い立たせるのだ。もちろん、マイナスの話題はむしろ害のみ。社会に貢献している話題、意外なおもしろい話題、明るい話題の提供に心がける必要がある。リーダーは、ＰＲ活動で部下や組織を大化けさせることができることも知っておく必要がある。トップはＰＲマンたれという人が多いが、**ＰＲ活動は会社、組織を大化けさせる重要な手段**なのである。

職業の盛衰

視点を変えて、ちょっと考えてみたい。いまある職業は今後一〇年、二〇年先にあるだろうか。磐田市の北にある豊岡地区で保育園、幼稚園、小学校、中学校の先生たちが集まって、未来の子供たちを育てるための研修会を開いた。その席上、保育園の先生が「現在の職業のうち、この子供たちが社会に出るころに残っているものがあるのでしょうか」と疑問を投げかけられた。教育は何のためにあるのか、人を育てるのには時間、年月がかかる、こんなことを考えると、このような疑問が出てくるのは当然である。特に現在のように大変動期にあるときに、このような疑問が出るのはなおさらのことだ。

駅の切符売りがいなくなった。保育士などという職業が誕生した。人工頭脳、ロボットの出現で、いまある職業がこの二、三年で大幅に消滅するというレポートもある。オックスフォード大学や学者、各種のシンクタンクはいろいろ予測している。その当否は別にして、筆者は匠の職業、伝統的な職業、伝統伝授の職業の多くは残念ながら衰退するとみている。そろばん塾、習字塾、お花教室、お琴・三味線の教室、技能職訓練校などは残る。どれぐらい残るか。ただし仕事の中身、仕方、必要なスキルは変わる。大工さんの仕事を観察してみた。くぎを打つのが大工さんかと思っていたら、インパクトレンチでねじくぎを打ち込んでゆく。カンナをかける姿はそこにはない。伝統的なスキルが変化してしまった。

失われる職業

オックスフォード大学（マイケル・A・オジボーン他）の研究から
10〜20年後になくなるとされる職業の一例（野村総研（NRI））

不動産ブローカー／給与・福利厚生担当者／調査マン・苦情処理担当者／時計修理工／税務申告書代行者／映写技師／メガネ・コンタクトレンズの技術者／露店商人／タクシー運転手／レストランの案内人／電話のオペレーター／レジ係／集金人／スポーツの審判／ホテルの受付／簿記・会計・監査の事務員／学校事務員／行政事務員など

現在の職業は今後二〇年もたつとなくなるのではないか。未来の有望な職業は何かという議論が盛んになっている。ロボットや人工頭脳、情報機器の発達でわれわれの職業の形も変化すると考えられる。オックスフォード大学や野村総合研究所の調査、レポートでは労働人口の四九％にあたる職業が姿を変えたり、ロボットや人工頭脳に代替されるという。会計監査、経理、学校事務員や行政の事務員、ホテルの受付、レジ係などいろいろ。タクシーの運転手もなくなるリストに登場している。単純で反復的な要素の強い仕事、機械やロボットに置き換えられる仕事の影は薄くなり姿を消していく。その代わり協調性、コミュニケーション能力、創造性、応用力、センス、美意識、発想力、洞察力を必要とする職業の重要性は高まるものと思われる。郵便配達、ガードマンなどの姿が二〇年後にみられるか。現在の仕事はなくならなくても、仕事に必要なスキルや知識は大幅に変化している可能性は非常に多い。自分の現在の仕事がどう変化してゆくのか、点検してみる。そしてどのような自己研さんが必要か。自分のリフォームを計画してみることが望まれる。

脱悲観主義

世の中を悲観的にみるか、楽観的にみるか。日本人の多くは悲観的な見方、厳しい見方を好む傾向が強いのではないか。日本人は喜劇より悲劇が好き。重々しく厳しい、重厚なイメージを好む傾向があるように思われる。日本の評論家の中には悲観的なものの捉え方、マイナス面や短所・弱点に焦点を当てて物知り顔をする人が多いように思われる。世の中には悲劇も、喜劇も、気の毒な話もたくさんある。それは事実だが、未来や出来事を楽観的にみるか、悲観的にみるか、同じ事象でもさまざまである。

日本の人口減少を悲観的にみる人が多い。本当にそうだろうか。プラス面もたくさんある。人が少なくなれば、土地代は下がる、住宅の取得費も下がる。人間が大事にされる。少ない人で仕事を処理するために、新しい手法や装置などが生まれる。土地開発は少なくなり自然が豊かになる。新しい生活スタイル、勤労感も誕生するだろう。要は変化をどう捉え、それをどううまく活用するかではないか。

ワインを飲みながら談笑していた二人が、ボトルに三分の一ぐらいしかワインが残っていないのを見て、一人は「もうそれしかないのか」と嘆き、もう一人は「まだこんなにある」と叫んだという。読者はどちらだろうか。まだこんなにあると考えた人は話が弾み、その場が明るくなったという。

日本の農業は後継者難でどんどん減少、その存続を危ぶむ人が多い。悲観論でみると、日本の農業に未来はない。食糧問題はどうするのかということになる。プラス思考でみると、農業従事者が減少すれば競争相手が減少する。大型農業や新型農業はやりやすくなる。もうかる農産物を作る。顧客の心をつかみ、マーケティングを重視する農業ビジネスに転換するチャンスだ。農業は大変、競争が厳しい、後継者がいないとマイナス面ばかりを強調しがちだが、プラス思考で考えれば、定年はない、お客さんに感謝される。いい産業ではないか。

これがプラス思考、脱悲観主義の考え方だが、このように考えるとこの世の中にはチャンスがたくさんある。物事を短期的にみるか、長期的にみるか。短期的には悲観的、自信を喪失させるような局面だが、後で考えると、長期的にはそれはむしろ良かったという例は、昔からたくさんある。中国に「人間万事塞翁が馬」という言葉があるが、このことを言っているのである。何か不運、失敗、よからぬ出来事に遭遇すると、それで落ち込んで自信を失ってしまう。それが却って良かったということはよくある。

同僚が抜擢されて大型市場の支店長に就任。自分は地方支店に勤務。ところが二、三年たつと、支店長は取引先との交際に失敗し、ストレスでノイローゼになって休職という羽目に。うだつが上がらなかった地方支店に、大型の得意先が相次いで進出、その地方支店は上級支店に昇格し、自分も支店長になれた。その友人も筆者に「人間万事塞翁が馬」とつぶやいた。ことの大小をよく見るとこういう現象はよくある。

何事もマイナス思考、悲観に陥らずプラス思考、楽観主義でいるとチャンスはやってくる。悲観主義、悲観論からは何も生まれない。**楽観主義、プラス思考は自信と価値を生む。**

掛川市にトダックスという中小企業がある。この会社の創業者戸田直員氏は小学校しか出ていない経営者であるが、ゼロから会社を立ち上げ、中堅企業に育て上げた人で、経営哲学者のようなところがある。地元の中小企業の仲間のリーダー、マネジメント・リッチ・クラブ（ＭＲＣ）を主宰しており、国内外の中小企業家の集まり、教育研究会に講師としても招かれたりして、活躍している。その発想力、洞察力、時代感覚、リーダーとしての考え方、経営感覚は誠に優れている。一口で言えば楽観的、独創的、プラス思考である。ピンチはチャンス。チャンスはどこにも転がっているといった考え方の持ち主。小さな体、地方の経営者なのに出てくる発想は大きい。自信とチャレンジ精神に満ちている。

筆者は戸田さんのための記念行事で「東大卒でなくて良かったですね。東大を出ていたらこんな立派な経営者の勉強会は誕生しなかった」とその業績をたたえたことがある。顧客は自分で創造するものだといい、お客に何か頼まれれば、何でも引き受けてチャレンジする。零細企業を今日の中堅企業に大化けさせた。

仕事はこなすだけでいいのか

どうして大化けできないか、どうして発展のための夢ある戦略を構想できないか。それは日ごろ当たり前と思い込んでいる発想に問題があるからではないだろうか。毎日、仕事をこなすことで充実感が得られる、そのために目先のことだけに集中していないか。結果のいかんを問わず、同じプロセスを繰り返すことに夢中になっていないか。マニュアル通りの仕事、多くの日本人はこれが得意だ。きちんと物事をやり遂げるのが好きだ。環境変化や時代の流れよりも目先の事件、物語に関心が向けられる。失敗の原因を追究することに熱心で、どうすれば成功するかを考えることは二の次の人が多く、問題解決的で、創造的なアプローチに欠ける傾向がある。ポジティブな発想は苦手で何事も否定的に考え、保守的な考え方をする傾向が一般的に強い。

顧客志向であるよりも、自己中心的な発想に傾く。組織的な問題解決が重要で、環境変化に対応することを忘れがちである。P118の表はこの思考を対比したものである。柔軟な発想といわれる人は環境の変化、時代の流れに即応しようとする志向が強い。このような人たちは伝統や常識、しがらみなどを無視する傾向が強

発想の比較

戦術的発想	戦略的発想
過去・現時点	将来・未来展望
短期	長期
部分的・直視的	総合的・有機的・展望的
目標あいまい	目的・目標明示
自己中心	競走
組織の軋轢	市場第一・顧客本位
弱み	強み
分散	集中
ネガティブ	ポジティブ
費用対効果を意識しない	費用対効果を意識する
同質 - 横並び	差別 - 創造的
リスク小	リスク大
失敗の原因	成功の原因
固定的・機械的	変化・柔軟
地域的	世界的・地球規模
情報不足	情報重視
経験的・非組織化	システム的・ロジック重視

く、新規性、創造性に関する関心が強い。

筆者は別表でもこの分類付けをしているが、思考の形態を戦略型（ストラテジー）思考と戦術型（オペレーション）思考とに大別しているが、多くの人が無意識のうちに戦略型思考を敬遠しているように思われる。それはなぜか。

一つには、世の中が大変動期にあることに気が付いていないこと。変化に対応しなくても済むことにある。豊かになり、一定の収入があり、固定資産（マイホーム）や家族を持つと、人は安泰な生活を望むことになる。わざわざ苦労してまで新しいことに挑戦しないでもよいと考える傾向が強くなる。

伝統や文化を売り物にしている人はそれを守ることに志向が働き、伝統や文化を変えることに大きく抵抗することになる。いま伝統産業に働く人は無意識のうちにこの罠にはまりこみ、社会から次第に取り残され始めている。

静岡県のお茶産業は今このような環境に直面している。お茶を飲む人、お茶の消費量は着実に増加し始めているのだが、伝統がお茶ビジネス推進の足かせになっている。急須に茶葉を入れ、一定温度のお湯を入れ、お湯呑みで飲むことを勧める。確かにおいしい。このようにして飲む静岡のお茶は自慢に値する。しかし、結果はどうか。静岡で会議で出されるお茶はたいていペットボトル。ボトルの〝お茶〟こそがお茶になってしまったのである。茶道の家元は「お茶を習う人が激減した。いまに茶道は博物館入りだ」と言う。静岡産業大学ではお茶室を設け、学生にお茶の飲み方を指導しているが、お茶を習おうとする人は誠に少人数。茶道部の部長は、日本文化に関心を持った中国の留学生だった。伝統や文化を守ることは容易ではない。むしろ伝統や文化は創造すべきものであると思う。

コーヒービジネスの変化と進化を見習ってみてはどうか。かつてコーヒー通を自任する日本人の多くは、浅煎りで色の薄いコーヒーを「アメリカン」と呼び、その味をやゆした。何も日本人だけでない。アメリカ人のなかにも外国のコーヒーと比較して「何とかならないのか」と思う人が続出した。そんななか、スターバックスが誕生した。最近ではアメリカンコーヒーという呼び方を聞かない。アメリカの新しいコーヒー文化が誕生し始めたのではないか。先日、北陸新幹線の開業に合わせ、スターバックスの店が金沢に進出した。金沢の人たちは早朝から並んで開店を待ったとテレビが報じていた。日本にまでコーヒーの新文化を持ってスターバックスは進出し、歓迎されたのである。日本の伝統的なお茶商はこの現象をどう見るのか。伝統は新しく作るもので、食文化ではこのことが特に重要だ。**環境の変化、顧客の変化に対応した発想、行動をとらない限りビジネスの発展は期待できない。**

お茶産業が発展を続けるには、消費者の行動変化を徹底的に分析し、それに応じた新しいお茶の飲み方、新しいお茶、お茶の文化を提案することだ。それはだれがやるか。伝統や文化にとらわれない発想のできる新型のビジネスマンの出現が求められる。

マーケティング

ビジネスは何かをほしい人（需要）と、それを提供する人（供給）で成り立つ。需要より供給のほうが多ければ、買い手が選ぶ力を持つ。売り手にしてみれば、主権をにぎっている買い手がいったい何を望んでいるのか、それを知ることが死活問題となる。それを知る手法にマーケティングがある。

世界中どこの国でもマーケティングという言葉が使われているが、「マーケティング」に対応する日本語はない。この言葉がアメリカのビジネス界に登場するようになったのは一九二〇年代の大恐慌の時代で、いまでは一つの学問分野になっている。大量生産が可能となり、需要よりも供給が多くなり、モノを売ることが困難になったことが、「マーケティング」と呼ばれる言葉が登場する一つの要因とされている。このマーケティングを、宣伝や広告、販売促進や市場調査と考えている人が多い。宣伝、広告、販売促進、市場調査はマーケティング活動の重要な構成部分であるが、価格設定、流通、売り場などの問題も含まれる。重要なのはこれらの活動が顧客志向、顧客主義の立場で、顧客のニーズ、欲求に対応、顧客満足の充足を中心テーマとすることだ。**作る、売る側の立場での活動ではなく、購買者の視点、立場で活動することが求められる**。

物が売れないのはなぜか。よくよく考えてみれば顧客がそれを求めていないから、顧客が購入したい値段でないから、そのことを知らないから、入手する場所がないからといった具合である。マーケティングを、顧客の立場で売れるようにする発想、仕組みづくりだと説明する人もいるが、マーケティングは人々の生活の質の向上に貢献する活動だという人もいる。性能面、技術面でいかに優れていても売れないのはなぜか。おそらくそれはその商品が顧客にとって必要がないから。魅力がないから。こう考えるのである。ビジネス活動は顧客の視点、顧客志向で行うことが前提で、現代のビジネスはマーケティング志向が前提といわれている。

買い手は売り手を選べる。「お前は気に入らない。よそで買う」と言うことができる。こうして「消費者は神様」という言葉が生まれる。売り手はサービスの質を上げ、商品の魅力を高め、そのアピールにあの手この手を考える。つまりは競争である。こうした競争に積極的でない企業は姿を消していく。どんなに優れたものでも、お客さんが魅力を感じて購入してくれない限り、価値は生まれない。工場で一生懸命、残業までして作っても、魅力がなければ不良在庫となり、産業廃棄物となる。中小企業のなかには、優れた技術を持ち、優れた製品を作れるのに売れないと嘆くところがある。優れた製品、優れた技術も、マーケットが成立しなければ認められない。

前にも触れたが、〝物を作る〟ことは容易になった。大量生産の時代に入り、大量のものを短期間に、コストを下げて作り供給することが可能となり、〝マーケティング〟という顧客志向、顧客優位の考え方、アプローチが登場、発達してきた。**マーケティングのベースは顧客の身になって考えられる想像力**。産業界だけではない。政治の世界でも、市民のニーズを知ることが最大の課題だし、教育、医療、NPO活動、行政にも、今やマーケティングの発想は必須である。

リスクは大化けの出発点

戦略の実行は未知、未経験の世界で展開される。想定外の事件、課題に直面する。失敗の可能性は高い。戦略構想が大型で、未知の分野に挑戦する性格が強いほど失敗のリスクが高い。その代わり、リスクの高いものに成功すると利益も大きい。受け取る名誉も多い。利益はリスクに対する報酬だと定義する人もいる。ハイリスク・ハイリターン、ローリスク・ローリターンと表現する人がいる。利益の少ない企業はリスクの少ない仕事に従事していることが多い。安心安全だけを求めると戦略的な発想をしなくなる。野球の選手で考えるとわかりやすい。比較の問題だが、高校野球、実業団野球の選手はローリスク・ローリターン。プロ野球はハイリスク・ハイリターン、メジャーリーグへの挑戦は超ハイリスク・超ハイリターンだ。地方の企業で成長もせず、利益も出ず、しかし生き残っているものがある。ローリスク・ローリターンの罠にはまっているものが多い。地方の活性化にはハイリスク・ハイリターンを目指す産業、挑戦する企業家の出現が望まれるが、そう簡単にいかない。地方創生が叫ばれているが、成長産業、高付加価値、高い給与を支払える魅力的な職業を生み出す産業創造に、官民が共同して計画的に挑戦する必要がある。そのた

リスクと対策

	リスク項目	時期	現在の対策　発生時の対策
1			
2			
3			
4			
5			
6			
7			
8			
9			
10			

※自分が直面するであろうリスクを挙げてみましょう。
そのリスクへの対策、準備、発生時の対応措置も併せて記入してみて下さい。

めに必要なのが戦略的な発想ということになる。

リスクマネジメントと呼ばれる経営手法、概念がある。ビジネスにはいろいろなリスクが付き物だ。われわれの日常生活にも気づいていない多くのリスクがある。交通事故、病気、災害、火事、コンピュータ事故などもこのリスクに含まれる。テロ、異常気象による災害、巨大地震などもリスクである。人間はこのリスク回避策をいろいろ工夫してきた。代表的なものが保険。火災保険、自動車保険、生命保険などリスクに直面した時にその損害をできるだけ保障、低減するために役立つ。多くの企業、例えば自動車メーカーはリコール保険をかけている。リコールで負担する費用を念頭にあらかじめ保険をかけている。予防注射も病気のリスク回避措置である。リスクが起きても生存に支障が出ないように計画的、制度的、システム的に行うことをリスクマネジメントと呼んでいる。防災グッズの用意、避難訓練はリスクマネジメントの一つである。

リスクの高い戦略的なプロジェクトを展開する場合にはあらかじめそのリスクを検討し、対策を考えておく必要がある。そのプロジェクトの推進でリスクに直面した場合には、あらかじめ用意しておいた二の手、三の手を発動して対応する。受験ではよくこの考えが用いられる。「すべり止め」である。

昼食をよく食べに行くレストランが突然廃業したらどうするだろうか。たいていのサラリーマンはあの店がダメならこちらの店、といった選択肢を用意している。普段からいろいろな選択肢を用意していると、ことはスムーズに運ぶ。選択肢をいろいろ用意するのもリスク回避の方法になる。

最低六カ月分の生活費を用意しておくことが、サラリーマンのリスクマネジメントの心得だといわれたことがあるが、企業の場合はどうか。自己資本の充実、内部留保の充実、無借金などでリスクに備えているところが多い。ビジネスが不調で二年間経営がうまくゆかなくても生存できるように、内部留保を積み立てている企業もある。人間も含めて、このようなリスクマネジメントができていると、戦略的なプロジェクトを積極的に展開できて、その成功率が高くなる。大化けするための挑戦にはこのような発想も必要なのである。やみくもな挑戦はよい結果をもたらさない。

競争が大化けを促す

戦略的な発想に必要なことの一つは強みを生かすことだ。人間にはだれでも得意不得意がある。**自分の得意なことを発見し、これを生かすことが大化けには必要だ。**企業、組織、地域社会、国家のいずれを問わず、強みを発見し、それを活用することが重要。

日本人の発想はとかく弱点を補強することに向きがちだが、弱点の補強に必要な時間、エネルギー、コストは、強みを発揮するための、それよりも大きくなるのが普通である。戦略のプロジェクトに強みが発揮されることが含まれているかどうか、よく検討してみる必要がある。個人の場合、得意なことを展開するのは、不得意なことに精を出すよりはるかに効率が良い。得意なことには精が出る、積極的になる、アイデアも働く。得意なことにエネルギーを注ぎ、成功体験を積んで、自分の能力、考え、行動に自信を持つことが重要である。これが人を大化けさせる大きなきっかけになる。

戦略的な発想が苦手なのは、競争を避けたい心理が潜在的にあるためではないかと思われる。競争に負けたくないから、競争を敬遠する。戦略が必要なのは競争が存在するからであり、現代社会はこの競争を前提としている。むしろ**競争は大化けに必要な見えざる力**だともいえよう。

スポーツの世界では競争は不可避。競争を楽しむ傾向すらある。競争がなければ、スポーツは盛り上がらない。サッカーには競争が付き物。そしてサポーターまで誕生する。熱心なサポーターがいなければサッカーは盛り上がらない。サポーターは競争を楽しむ。

競争をすると弱者が生まれる、弱肉強食が起こる。格差社会が生まれる。競争により手抜きも起こる。いじめ社会が生まれる。悪い面を挙げれば、いくらもある。もう忘れた人がいるかもしれないが、戦後長い間、日本は官庁主導の「護送船団方式」と呼ばれる方策がとられてきた。競争を避け、みんなで弱いものを守ろうという発想がベースにある政策である。多くの経済規制がこの発想から生まれた。これらの規制が次第に緩和されるようになった。規制緩和によって、競争が増える。競争力が重要視されるようになる。好まない人はたくさんいる。

競争をいまだれもが真剣に意識し、プラス思考で考えてみる必要がある。競争で優位に立つと、文字通り自分の立場は優位になる。競争相手を理解し、自分の立場が認識できるようにもなる。自信とやる気のベースができる。競争意識を培う方法の一つにスポーツがある。自分でもなんとかできそうなものを選ぶ。ウォーキング、マラソン、ピンポン、ゴルフなど気楽に友人と競えるものを選んで、競争の習慣、競争意識を育てるとよい。

競争意識を働かせるうえで大事なことは、競争の目的を考えること。何で競争するのか、何のために競争を意識するのか、よく考えてみることが肝要だ。自分にとって価値ある競争項目を設定し、達成期日、達成のレベルを明確にしておくとよい。また、この過程で自分の発想、取り組み方、仕事の仕方、勉強の方法を見直すと、改善、改革、自分の進歩に結びつけるようにすることができる。競争を意識し、計画することで自分の能力を見つめ直す、自分の強み、弱みを再評価する良いチャンスにもなる。

経営者や政治家、学者、技術者、匠と呼ばれる人には競争意識の強い人が多い。口には出さないが負けず嫌いの人が大半。負けず嫌いは進化、発展の重要な源泉の一つである。数値目標を示してお互いに競争を促進しているものがいろいろある。例えば静岡県は健康増進日本一を目指してきた。静岡県は元気が良い。健康増進で自信がついた。これをベースに次の発展を工夫している。健康増進産業の創造である。気が付いてみると犯罪発生率、交通事故死亡率などを掲げ全国で競争している市町村がたくさんある。企業、地域社会、ＮＰＯ、学校、家庭、個人でも競争するに価値ある競争項目を設定して、その達成に取り組むといつの間にか大きな変化が起こり、それが個人、社会、企業の大化けに導くことがよくある。

競争に必要な考え方、発想をちょっと紹介すると、

1・自分の得意技、得意領域、強みを生かすことを考える。人と同じ領域で競争しない。人と違うことをする。人が手を出していない領域、隙間で勝負する。先手必勝、先取りの考え方が求められる。

2・競争の目的を考える。自分の仕事が社会のために役立つか、だれかのためになるか、頑張る価値があるものか、をいつも考える。企業でも競争に直面したら、まずこの点を検討する。競争のための競争は避ける。

3・価格競争はできるだけ避ける。中長期的な視点で、現時点での競争の価値を考える。価格競争で勝てない理由を分析する。競争する価値があるのか、この価格競争で勝てば、競争力をつけられるのか、次の競争で優位に立てるのか。こんなことも検討する必要がある。〝マーケティング〟は非価格競争を本来前提とするものである。

4・競争のベースはコストだけではない。個人、企業に対する信頼。品質、機能、サービス、便利性、対応力、心、人柄、情報提供力、人材、教育力イメージ、品格、ブランド力、デザイン力などさまざま。最近ではデザイン力、知名度、コミュニケーション力、会社の品格なども重視されている。自分は、あるい

は企業はこれらの点で競争力を備えているか、競争相手と比較して自己評価、自己点検してみるとよい。

5・自分の競争相手はなにか、だれかを明確にすることも重要だ。もちろんこれを公開する必要はない。仮想敵国、自分の追い越したいモデルを設定し、自分なりに対抗する、追い越すための研究、努力をすることができる。

6・競争はなぜ起こるのか。その企業、その個人、その製品、サービスが顧客から選ばれなくなる、見放されるから。より魅力的な選択肢が登場したからである。鉄道の競争相手は飛行機、バス、マイカー。電気の競争相手はなんだろう。いまのところ電気を選ぶしかない。でも、ここにも変化が起きている。電気を特定の電力会社から買わなくてもよくなった。選択の自由が増えると競争が生まれる。選択されるためにはどうしたらよいか。

豊かな社会の象徴は何かとの質問にこんな答えがよく出る。選択肢がたくさんあること。いろいろと選べる物があるという説明がある。筆者が、ベルリンの壁が崩壊した後のハンガリーのシェプロンという町で見た、パン屋さんの光景がそれを物語る。パン屋さんの店先にパンは山のように積んであるのだが、パンの種類はたった一つ、コッペパンだ。何年かたってハンガリーのブダペストを訪れたら、パン屋さんの店頭はいろいろと多種類の山だった。市民はうれしそうにパンを選んでいるのだ。自由化して豊かさが戻ってきた象徴だ。日本のスーパー、デパート、家電専門店を見れば、たくさんの種類の商品が並んでいる。買う側が選択に苦労するくらいだ。買い手に選ばれるよう、売る側は努力しなければならない。魅力づくりの努力がそこに展開されている。人は何を基準に選択するのか、これは現在産業社会が持っている最大の関心事の一つだ。

人口減少によって消滅する市町村の出現が問題になり、各市町村は人口増に知恵をしぼっている。人口を誘引する魅力づくりで地域間競争が始まっている。日本全体の人口は減少するのであるから、ある町が人口を増やせば他の町は人口を減らす。地域間競争は予期せぬあつれきを生む。少ない人口で一人当たりの価値創造額を上げる努力のほうが好ましいのではないかと筆者は考えるが、いまのところ潮流はよその町から人の流れを奪う形で、地域の魅力づくりは進んでいる。収入の高い職業機会の創出、社会政策の充実、良好な教育機会の提供、便利で快適な消費生活の創出などがテーマになる。この魅力を感じてくれるのはだれか、魅力を提供する相手はだれか、どこと比べてどのくらい魅力的なのか、といった設問をマーケティングの視点で問う必要がある。

地域の人口を増加させることは容易ではない。子供を増やすために、保育園の充実とか税制の優遇、支援資金の創出など、いろいろと政策が打ち出されている。一九七〇年代の半ばには日本は「人口を減らせ」とする政策を展開していた。静岡県立大学の学長で、人口問題の専門家である鬼頭宏先生が、当時の人口抑制の考え方を述べている（静岡新聞二〇一五年一二月十四日付）。日本も世界も人口増加に頭を悩ませていたのである。記事によれば当時の日本の目標は人口一億人。読者はこの国の適正人口を考えたことがあるだろうか。読者の住んでいる地域の適正人口は？前述したように、現実にはよその町から人口誘引するという競争が繰り広げられているのである。

だれでもアイデアマン

だれでもアイデアマンになれる。心がけ次第だ。創造の原点を心がけることをすすめたい。この世の中には何も新しいものはないという人もいる。しかし、新発見、新理論、新事実と呼ばれるものはある。ノーベル賞クラスの発見や発明は容易ではないが、身近なアイデア新製品は、ちょっとした努力と工夫でできるもの。たいていのものは、いろいろ異なった知識、情報、仕組みの組み合わせ、流用で生まれてくる。テレビ、ラジオ、携帯、家電製品などの新製品にはこの例が多い。どこかのアイデアといわれる情報、仕組みが加えられたり、削除されたりして生まれたものが多い。ラジカセはラジオとカセットを組み合わせている。電気釜はどうか。紙おむつはどうか。色を変えたり、形を大きくしたり、小さくしたりする。プロセスを逆にする。こういうことでもアイデアは生まれる。

知識や情報をいくら持っていても、生かさなければ宝の持ち腐れ。大事なのはそれを活用する努力だ。生かせば知恵となる。アイデアを生むプロセス、仕組みをベースに、自分なりに何回か知恵を働かせる経験を重ねると、無意識のうちに知恵が生まれてくるようだ。**知恵を生むために問題に直面したら、問題の本質を追究することが必要だが、その方法の一つが原点に戻ること**である。ここに教育の役割がある。教育によって、問題の原点をさまざまな角度から見つめる習慣づけがなされると、知恵がわいてくる。筆者も留学中に「困ったら原点に戻れ」と先生に何回も言われた。自由に自分なりに考えることを重ねると、うまい知恵が脳からしみ出てきて、良い提案ができる。それが評価されると、さらに知恵がわき出す。何のため、何をしたいのか、だれのため、どのような問題を解決したいのかといったように問題を掘り下げていくうちに、思わぬ知恵が出てくることもある。ちょっとした知恵が評価されると、それがきっかけになり知恵者、アイデアマンと呼ばれるようになり、自分がいつの間にか大化けしているのに気が付くことがよくあるものだ。

アイデアを生むために

競争で勝つためには〝アイデア〟が重要な役割を果たす。新製品、新企画、新ビジネス、差別化、独創性の言葉のベースには、〝アイデア〟開発が不可欠だが、このアイデアの開発にはいろいろな手法が開発されており、高度な教育、知識だけを必要とするものではない。日本ではＫＪ法と呼ばれる手法が開発されている。少し研修を受ければだれでも活用できる。ブレーンストーミングと呼ばれる手法もある。みんなで自由にアイデアを出し合う方法だ。こういう手法を使ってアイデアを創出するときに大事なのは、自由な発想を許容する上司の態度、職場の雰囲気だ。他人の成功、違った考え、行動、アイデアにケチをつけたりバカにする仲間の言葉、態度がアイデアの創出を阻害する。

ブレーンストーミング法を開発した、創造性の権威オズボーン博士は「独創は極めてデリケートな花で褒め、励ませば開花するが、がっかりさせるとつぼみのうちに落ちてしまう。だれでも自分の努力が感謝され、褒められればもっともっと多くのアイデアを出すだろう」と述べている。

日本人は本来高い独創力を備えているのである。その独創力を身近なことで発揮してみて自分にでもできる、身近なアプローチを紹介しておきたい。

1・一つのアイデアをほかの目的に使用する
2・アイデアをほかから採用。似たアイデアを探す
3・アイデアを変える。色、動作、音、匂い、形式、形を変える
4・アイデアを拡大する。組み合わせ、付加する
5・アイデアから除去。圧縮、小型化、低くする、短くする
6・アイデア内のものを入れ替える。他の材料、プロセス、動力源を入れ替える
7・アイデアをアレンジし直す。部品交換、ほかのパターン使用、ペース、順序などを再アレンジ
8・アイデアを逆にする。役割を変える、上下を逆にする、反対にする
9・アイデアを連結する。混合、組立、ユニット化、目的機能の連結などを試みる

大型の発明、発見、独創、アイデアの創出にはこういったアプローチだけでは不十分だが、応用開発や新ビジネス、新製品開発にはこのようなアプローチが応用されていることが多い。前述のアプローチを活用しては何か創造してみる、提案してみる。自分にでもできるんだと自分の隠れた能力を再発見し、大化けが始まることを期待したい。

第3章

あなた自身の大化けスイッチ

「時持ち」時代の生き方

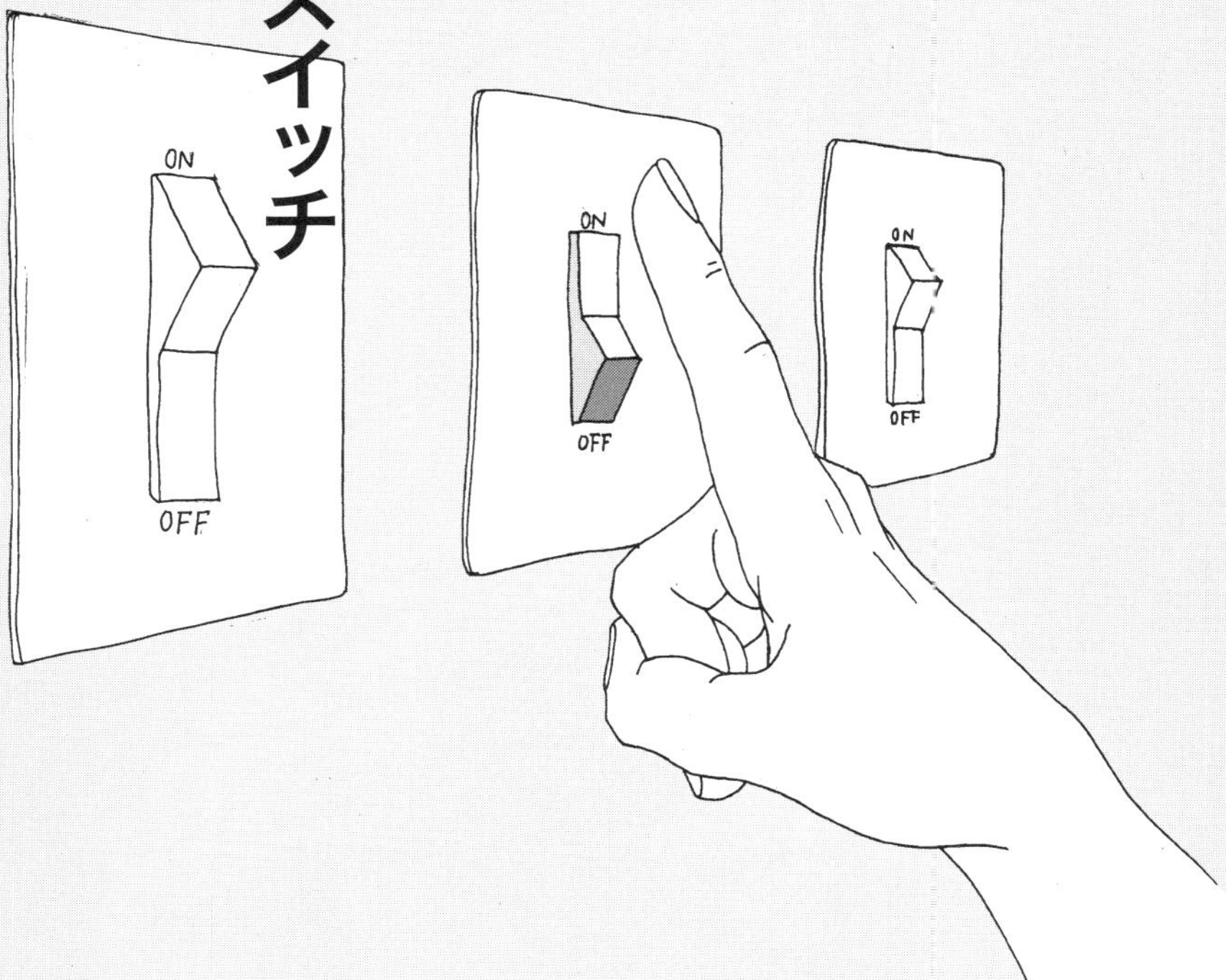

二一世紀の発展モデルを世界に示す

大人でも自分の人生目標、人生計画を意識的に描き、追求している人はごくまれである。驚くことに経営幹部、リーダーといわれる人にも、人生目標を描いている人が少ない。

皆さんはいくつまで生きるつもりか。日本は世界一の健康長寿社会で、男女ともその気になれば八〇歳まで健康で生きられる（左頁表「世界の健康寿命」）。こんなに健康で長い人生を送ることができるようになるなんて、多くの人は考えてもいなかった。第二次世界大戦が終わったときの日本人の寿命は五五歳前後だった。いまや八〇歳前後。なんと二五歳も伸びた。これをどう考えるか。後述の未来年表作りの中で述べるが、人生の目標を作成、追求することが可能な時代に入ったのである。

日本は戦後の荒廃から奇跡の復興を見せ、経済大国になった。二〇一四年の推計GDP（国内総生産額）は四兆六〇一五億ドルで、アメリカに次ぐ第三位の経済大国である。一時は世界二位の地位にあったが、最近の中国の台頭でその地位を奪われた。ただ、GNI、つまり国民一人当たりの総所得だと、中国の七三八〇ドルに対し、日本は四万二〇〇〇ドルで、日中の差は依然として大きい。中国は巨大な人

世界の健康寿命(平成25年)

日本の健康寿命は、男女ともにトップ(188ヵ国中)

順	男　性	年	女　性	年
1	日本	71.11	日本	75.56
2	シンガポール	70.75	アンドラ	73.39
3	アンドラ	69.92	シンガポール	73.35
4	アイスランド	69.72	フランス	72.32
5	イスラエル	69.46	キプロス	72.22

※米国ワシントン大学等の研究班が、平成27年8月27日に英医学雑誌「Lancet」で発表。306種類の疾病やケガの割合をもとに算出している。

口(一三億七六〇五万人)を抱えており、国内総生産の額は大きいが、一人当たりの所得は小さくなる。日本は少子化、高齢化で人口減少が問題視されているが、それでも一億二六五七万人(二〇一五年推計)である。ちなみに世界で人口一億人以上の国は中国、インド、アメリカ、パキスタン、バングラデシュ、インドネシア、ブラジル、ロシアなどで先進国の中では日本は数少ない大国である。

その日本にかつてない大変化が起きだした。その第一が前述の少子化。出生率が低下し、人口が減少し始めた。日本の人口は戦後七五〇〇万人ぐらいだったが、一九七〇年代には一億人を突破。いま一億二千万人を突破するまでになったが、これをピークに減少が始まり、二〇五〇年には一億人を割るだろうといわれている。

第二はだれもが口にする高齢化である。六五歳以上の人口比率が三三・二％（二〇一五年）となり、八〇歳以上の人が一〇〇〇万人にも達している。いわゆる若年層が人口に占める割合は一二・九％（二〇一五年）に減った。地方の人口減少が目立ち、地域の活性化、経済の発展の大きな阻害要因として取り上げられるようになってきた。

多くの有識者やマスコミ、経済学者は、この人口減少や高齢化のマイナス面にばかりに焦点を当て、日本の未来を悲観的に描く。日本の国力は低下し、世界における地位は低下するとし、日本の未来は憂鬱で、問題ばかりの国だと危機感をあおる傾向にある。

筆者は違う。高齢化ではなく長寿化であり、日本人は人類が夢として追求してきた長寿化社会の実現に成功したのである。しかも健康長寿で世界一になったことが重要である。戦後、官民で取り組んできた環境改善、食生活の向上、福利厚生・健康医療制度の充実、保健、衛生制度の向上、医学の進歩、教育の拡充などさまざまな政策が展開され、それが健康長寿社会をもたらしたのであり、日本人全員がこの長寿化を誇りに思い、新しい発展のベースとして捉えるべきである。人口減少、長寿化の未来をチャンスとして捉え、これからの日本を再デザインするべきだと考えている。日本人全員が〝ノーベル賞〟をもらってもよいではないか。

われわれは厳しいときに将来を自虐的にとらえ、未来にチャンスが潜んでいることを忘れてしまう傾向がある。もちろん、今ある日本の社会的な制度、価値観、考え方、働き方、生き方、伝統、教育のあり方を根本から変革させることが必要で、これからは教育を含め、新たな発想、視点、新しい文化・文明の創造的取り組みを開発し、日本の未来の発展の基盤づくりを進める必要がある。

外国人の識者、経済人、学者と会話すると、日本の長寿化に注目し、その長寿化の要因、長寿社会の健全な維持発展方法（医療制度、介護制度）を日本に学ぼうとする意気込みが強く感じられる。中国も韓国も含め、多くの先進国では日本同様、人口減少と長寿化社会に移行し始めているのであり、先行国日本の動向に注目しているのだ。日本は二一世紀の発展モデルを世界に示す機会に直面していると考えてはどうか。

お金持ちで時持ち

健康長寿で日本人が手にした最大の恩恵は、巨額の時間資産である。**日本人は世界一の「時持ち」になったのである。**豊かさのシンボルは「金持ち」であることだが、これとは別の尺度が「時持ち」という概念だ。日本人が生涯活用できる時間量、つまり生涯時間を、短命だった戦後の平均寿命（五五歳）と比較してみる。現在の日本人が生涯活用できる時間、つまり平均寿命が八〇歳とすれば、その差は二五年。肉体的にも、精神的にも健康であればこの時間を活用してさまざまなことができる。このことを明確に意識している人は極めてまれで、大方の人は自分の時間資産が六〇歳の定年で枯渇すると考えているようだ。実際、いまの日本人は膨大な時間資産を所有しているのだが、気が付けばその時間資産を持て余しているのが現状ではないか。

筆者の友人が電話してきた。会社を定年退職して悠々自適の身なのだが、毎日が日曜日で、退屈するばかりだ。何もすることがない。病気になりそうだという。せっかく手にした大量の時間を持て余している嘆きの言葉だ。仕事人間で仕事に追われ自分の時間を楽しむことなんかなかった。第一こんなに長生きするなんて夢にも思わなかった。筆者は、自分の時間を持て余している人をよく「退屈病にかかっている」と形容する。日本の長寿化社会にまんえんしている病気は、退屈病ではないかと思う。皆さんはこの現象をどう思われるだろうか。

定年を迎える社員のために、定年後の人生設計の研修をする先進的な企業があるという。定年後をどう生きるか、現役時代に意識して計画を立てておくべきだと、気づく人が増えているという。定年後に外国に移住するとか、田舎暮らしに踏み切るとか、さらには老後の金銭的な生活設計を立てる人も出てきているという。だがその数は極めて少ない。「老後破産」という新語が登場している。気の毒な環境、不運な境遇など、同情すべき事情が多々あることは理解できるが、老後設計を意図的、計画的に若い時から心がけることの必要性を裏づける事象でもある。

筆者の知っているアメリカ人の多くは、大学を出て社会人の生活を始めたときから定年後の生活をいろいろ計画している。定年後はどこに住むのか、どのような生活をするのか、何をするのかを毎日のように口にする。アメリカ人はなぜ働くのか。「それは定年後の生活を楽しむため」そんな表現がぴったりの生活設計をしているアメリカ人によく会う。

健康長寿の時代だからこそ、だれもが若い時からこの生活設計を真剣に考える必要がある。いかに生きるか、人生をどう送るのか。真剣に考えてみることが、今問われているのだ。そういう問いかけを、子供の時から自らに課さねばならない時代にあるのではないか。

これも筆者のアメリカ時代の話。子供が学校から帰宅するとよくこんなことを言うのである。「君は将来何になりたいの、何をしたいの」と今日も先生に聞かれた。毎日のようにそういう話をする。子供のことだからパイロットだとか、音楽家だとか、シェフ、テレビのディレクター、宇宙飛行士、美術家、医者、看護師、外交官、将軍、大統領、レストランの経営者と、いろいろ出てくるが、先生はいつも子供が授業の中で、こういう話をするよう、うながすのだそうだ。日本でもこのようなことを子供に尋ねる風潮が昔からあったが、いまこそ、将来何になりたいか、どのように生きるのかを、問われているのではないか。

日本でも幼稚園や小学校時代に、将来何になるのかは口にすることがあるが、中学、高校に進学するにつれ「いかに生きるか、何をしたいのか」を自問したり、語り合う機会が消えていく。「どの大学に入るか」が問題となり、人生の目的追求はいつの間にか忘れられていく。読者の皆さんはいかがだろう。自分はいくつまで生きよう、人生を終えるまでに何をしたいのか、きちんと具体的に表現できるだろうか。

生涯に追求したい目標、テーマについて、P148に自らの手で記入してみていただきたい。筆者はこれをロマンテストと称し、いろいろな会合、研修の場で記入してもらうようにしている。人生目標、人生のうちでやりたいこと、筆者はこれをロマンと呼んでいるが、自分の夢と考えてもよい。これはだれにでもあるはずだ。「自分のロマン、自分の夢、皆さんにありますか」と問いかけてこの表に記入してもらうのだが、一〇分以内に三つ以上書ける人は皆無といってよい。

先にも述べたが、日本人が手にした時間資産は莫大なものだ。そのことに気が付き、その気になれば、随分とやれることがある。時間だけではない、情報手段も、必要な資源（お金、人、もの、アイデア、自由、ルール、援助体制など）はその気になれば、活用可能だ。**必要なのは追求したいロマン、夢の存在**。

大学で学生に、人生八〇年時代の到来と自分の夢の実現というテーマで討論会をさせ、これからの人生でしてみたいこと、やりたいことを大型のハトロン紙に書き上げてもらったことがある。二三歳から三五歳までの間に何をしたいか、事の大小、質は問わないという条件を設定すると、学生たちは次々に自分のしたいことを書き出した。いくつか紹介してみたい。

自分の”夢”項目

10 書いてみて、眺めてみよう

<table>
<tr><th colspan="3">自分の”夢”　一生涯の追求テーマ</th></tr>
<tr><th colspan="2">具体的内容</th><th>実現の時期</th></tr>
<tr><td>1</td><td></td><td></td></tr>
<tr><td>2</td><td></td><td></td></tr>
<tr><td>3</td><td></td><td></td></tr>
<tr><td>4</td><td></td><td></td></tr>
<tr><td>5</td><td></td><td></td></tr>
<tr><td>6</td><td></td><td></td></tr>
<tr><td>7</td><td></td><td></td></tr>
<tr><td>8</td><td></td><td></td></tr>
<tr><td>9</td><td></td><td></td></tr>
<tr><td>10</td><td></td><td></td></tr>
</table>

1・富士山に登りたい
2・アフリカのサハラ砂漠に行きたい
3・自転車で世界一周したい
4・国連で働きたい
5・親孝行したい
6・きれいなお嫁さんと結婚したい
7・千坪の土地に家を建てたい
8・一億円の金融資産を作る
9・アメリカに留学したい
8・北海道に行きたい
9・音楽家になりたい
10・帝国ホテルで特上料理を食べたい
11・自分の伝記を書けるような人生を送りたい
12・チベットに行きたい
13・北極に行きたい
14・医者の免許を取りたい

15・北京大学の大学院に留学したい
16・飛行機のパイロットになりたい

等々大小取り混ぜて二〇〇以上あった。

とにかくこんなにあるのかと思うくらいだが、その実現の時期、必要な資源、手段を考慮しなければ、したいことはいくらでも湧き出る。まさに何でもありだ。その数、内容にはびっくりしたが、読者もとにかく死ぬ前にやりたいこと、人生に悔いのない死を迎えるために、自分のロマンテストの表を大小を問わず思い切りたくさん書き上げてみていただきたい。

ここで筆者がこの学生たちに助言した言葉はこうだ。「ここに挙げた皆さんの二〇〇以上のしたいこと、目標は、この長い人生でそのつもりなら達成できないものはない。どれもすでにだれかが達成しているものばかり。どのようにして達成したか、勉強することができる。自分のしたいことをどうやって達成するか勉強するのがよい。自分の目標、したいことを達成するために勉強するとなると、勉強もおもしろくなる。積極的に取り組むことになる。働くことにも意味が出てくる。留学することを目標にすると、そのために必要な語学、現地での生活の知識などを学ぶ必要性を知り、それを学ぶ意味、目的が決まって勉強も苦にならない。学ぶ目的は自分の人生目標、したいことを達成するための知識、スキル、センスを身につけるためだと考えるとよい。

勉強ができないのは〝人生目標〟がないからだと学生が述べたことを紹介したが、大化けに必要なのは自分の人生目標だ。人生でしてみたいことを、たくさん思い描いてみよう。そして、その中から自分が本当に追求したい夢、ロマンを発見することが重要だ。

静岡新聞の夕刊に「窓辺」というコラムがある。そこに（二〇一五年一一月九日）、ベリークルーズ社社長の高橋祐一さんが自分の夢について書いている。最初は芸人になる夢を描いて頑張った。夢はかなえたいけど、あきらめて変えた。そして社長になる夢を描いた。「いま僕はビジョン（夢）を掲げ、会社の社長をやっています…芸人のその時より大変です。でも僕は会社を作ってから一度もあきらめたことはありません…芸人になる夢は全て自分のためでしたが、今はだれかのための夢に変わっています。人は自分のために最大一〇〇％の力しか発揮しませんが、だれかのためには無限の力を発揮します…」。素晴らしい言葉ではないか。人間はだれかのため、人類のため、社会のために貢献することに最大のやりがいを感じるもの。皆さんの夢には他人のため、〝利他〟の要素があるだろうか。人生は長い。いろいろ、さまざまなことが起こりうる。その中で自分の人生を豊かにする、人生を享受する、自分の夢、したいことの実現に向けて努力する。このためにいろいろ勉強する。なぜ勉強するのか。こんな風に考えると勉強に方向性が見える。力も入るようになるものである。勉強できないのは人生目標がないからだ、といった学生の言葉もうなずける。

自分の未来を年表に

予測不可能な未来に向かって人生の計画を考えることはしんどいことだが、筆者が開発した「未来年表」の考え、仕組みを使って人生計画を構築する方法を紹介したい。自分の未来を自分なりに描いてみること、これが未来年表の基本的なアプローチである。それを眺めながら未来に向かう。大化けの第一歩が始まることになる。

年表というと過去に目が向く。いつ何が起こったのか記入する。過去のことを時系列的にとらえ、そこから将来のことを構想する。歴史に学ぶという考えが年表づくりのベースにはある。この年表を未来に向かって作成してみてはどうだろうか。自分の未来年表（千尾将・一九八三年日本能率協会刊）を自分の手で書いてみる（P154「未来年表」）。記入の重要なポイントは未来のいつ、それを実施するかを、最初に決めることである。例えば〝家族で世界一周〟とか〝ヒマラヤ登山〟をいつするか決める。二〇三〇年と決めたらその年の欄にヒマラヤ登山と記入する。そして二〇三〇年から現在に向かって、それを実現するために必要な主要項目を年ごとに記入してゆく。そうすると今年は何をするかが決まる。

もちろん、したいことはいくら変更しても構わない。長い人生の中でいろいろ環境が変化すると、自分の考え、したいこと、欲しいものも変化する。しかし、真剣に悩み抜いて考えた人生の目標はあまり変えないほうが良い。達成手段、手法、時期、かける時間、場所など条件を見直してみると、新しい道が開けることがある。

とてもできないような巨大な目標も小さく分解して、少しずつ実行していけば、意外に達成できるものである。前にも述べたが、例えば英語の単語を三〇〇〇記憶するとしよう。一日に三語ずつ（朝、昼、晩に一語）、これを千日続ける、つまり三年以内で目標達成である。三千万円の貯蓄も遠い目標ではない。一年で百万円貯めれば三〇年で届く。もちろん最初は少額で、次第にその額を増やすことにしてもよい。こういうことが可能になったのは長生きするようになったからで、ゆっくり

未来年表(大化けプラン)

西暦		2016	2020		2030		2040		2050		2060		2070		2080		2090		2100
年齢		16	20	25	30	35	40		50	55	60	65	70	75	80	85	90	95	100
自分の生活プラン	生き方・行動									世界一周									
	職業						転職												
	学習・資格																		
	住居					購入													
	資産形成																		
	友人・資産																		
	子供の教育					小学校		中学校	高校	大学									
自分で予測記入	政治																		
	経済																		
	スポーツ		東京オリンピック																
	インフラ																		
	技術																		
	制度改革																		

時間をかけていろいろなこと、大きなことに挑戦できるようになった。
この未来年表の中に、未来に予定されているイベント、あるいは目標、発生が予期されている事象などを書き込むと、未来を自分なりにつかむことができる。このようにして作成した未来年表を手にしてみると、これからの未来の中の自分を俯瞰することができるようになる。未来の中での自分が見えて楽しいものである。

「時持ち」時代をどう生きるか

時間資産が増え、「時持ち」になった日本人。時間をかけてゆっくり、大化けができる時代になった。そこでは何が必要か。すでに述べたものも含めその心構えをいくつかまとめてみた。自分の未来年表を作成するにあたり、参考にしていただきたい。

1・自分の生涯で目標としたいこと、追求したいことを書き上げてみる。まず一〇件、自分の充実感、喜び、達成感、感動、貢献感、善行などが味わえるものを中心に。社会貢献目標（小さなこと、自分ができる範囲のもの、人の役に立つ活動、仕事など）

はぜひ目標に掲げ記入する。

2・それを達成するために必要な資源、資金、能力、情報、時間、人脈を書き上げる。

3・達成するための勉強計画、何が必要か検討し、実行計画を立てる。

4・達成計画には自分に対するご褒美的なものも入れること。例えば三六歳で資格(宅建、会計士等々)をとる目標を書き、取得した褒美に何をするかも計画する。

5・厳しい計画は立てない。楽しくする計画を立てる。一〇〇点満点で合格するより六〇点でも合格と考える。六〇点で合格したらその後どうやって一〇〇点にするか検討、工夫する。

6・一人でやるもの、チーム、仲間と一緒に実行するものを計画する。旅行、勉強など仲間と一緒のほうが楽に実行できる場合がある。

7・一年に最低限一度、例えば新年、年初に進行度をチェック。書き直し、追加、加筆をする。半年に一度、四季の変わり目ごとに一回といった具合。計画、目標、目的の変更、追加はかまわない。

8・この未来年表を家族の未来年表にすることもできる。家族と一緒に作成することを考えていただきたい。家族で共有する目標、追求することがあってもよい。家族とのコミュニケーションの場ともなる。家族の絆を強化するのにも役立つ。夫婦で追求する目標を設定してもよい。自分だけの目標、家族と共有する目標、仲間と一緒に追求する計画、地域社会と一緒に達成する計画なども考慮するとよい。

9・転機、節目をまず記入して、そこで何をするのか考えてみるのもよい。人生にはいろいろな転機がある。学校を卒業する時、就職、結婚、転職、転勤、出会い、持ち家購入、入賞、受賞、表彰、記録達成など。未来年表に記入した自分の目標、したいことを達成した時なども転機となる。後になってあれが自分の転機だと思うものもある。転機は実は自分が進化する、大化けする時でもある。未来年表を作成しながら、自分の大化けのチャンスをつかむ、創造することもできる。

10・未来志向で作成する。できないとは考えない、どうしたらできるかを考える。未来と過去を切り離す。過去や現在の延長線に未来があると考えない。現在を未来から見る。未来を明るく、前向きにとらえる。

11・未来に必要な健康増進策を策定する、健康は基本的な大化けの条件。

12・自分はいつまで健康で生きるかも目標にする。百歳までだれでも可能だが、そのための健康志向の心がけ、努力、日ごろの健康維持計画が重要。未来年表の中に健康にかかわる目標、計画を記入することも勧めたい。六〇歳でも血圧、血糖値、コレステロール値など、基本健康数値を維持するといった具合。

未来は創造するもの

13・自分の未来を創造しよう。未来の中には大化けするチャンスがいっぱいだ。未来年表を作成してみると意外なことが分かる。未来は予測できない。いつでも想定外のことが起こる。経済予測は当たったためしがない。予測で当たるのは人口推計ぐらいだといわれている。正月に新聞はいろいろと未来予測をするが、五年、一〇年後にその予測記事を検証してみるとおもしろい。書いた人はなんと弁明するか。長期的な正確な予測、予知は困難だが大方の流れ、方向、未来の展開について次第に知ることのできる分野は広がっているので、未来の自分はどのような流れの中に入るのか、これを把握、記入し、未来を展望してみることはできる。

その記入の仕方は、科学、技術、政治、社会、医療、経済、文化、産業、国際社会などの項目をたて、新聞、テレビ、雑誌、識者の発言などで未来を予測するものを記入してみるとよい。シンクタンク、研究機関、政府、研究者、国連などはいろいろな変化を予測している。政府機関が発行する白書、統計、予測、政策などで未来を予測しているものがたくさんある。

未来年表に記入しやすい未来の出来事、イベントと呼ばれるもの、完成時期が予告されている事業系計画は公的、私的にたくさんある。一番分かりやすいのがオリンピック。これは必ず四年に一回は世界のどこかで開催される。サッカーワールドカップなども定期的に開催され、その場所もあらかじめ知ることができる。新幹線の開業予定はかなり前から告知されている。北海道新幹線の東京乗り入れは二〇一六年度に実現、札幌には二〇三〇年と予告されている。新幹線に代わるものとして二〇二七年の東京—名古屋間を結ぶリニア新幹線の開業がすでに告知されている。東京のホテルオークラが新築され、二〇二〇年までに完成する。大型の都市開発計画は一〇年先までの予定を組んで実現を目指している。こういった大きな出来事はその時の社会環境に大きな影響を及ぼすことが多い。自分の人生計画と何か関係がないか、あるいはそれを自分の転機にすることを考えてみてもよい。オリンピックの年に焦点を当てて、家族で出掛けて観戦するという目標でもいい。何かスポーツを始めて自分なりの目標を定め、それに向けてチャレンジすることはどうか。

こうやって自分の未来年表を書き上げてみると、何となく自分の未来を見おろせるのにびっくりする。この未来の中で自分がチャレンジできるのだという気持ちが高まれば、その未来年表が役立つものであることは間違いない。未来を語る情報に接するたびにそれを書き加えるとよい。もちろん削除もＯＫ、未来年表を見ながら職場で仕事の未来を語ることもできる。会話は弾むこと間違いなし。その会話が未来をさらに広げることにもなる。

未来は予測するものではない。**未来は想像し、創造するもの**。興味深い例を紹介しよう。左頁の囲み記事はいまから約百年前の正月元旦の新聞に掲載されたものの一部だが、この予想の中身は、百年後の日本の社会を予測するというよりは、当時の日本人がこういうものの実現を夢見ていたことを語っている。これらの夢を実現しようと日本人はチャレンジしてきたのである。東京―神戸間を二時間半で走るという目標は実現した。携帯電話も実現した。こうしたい、こうありたいという願いを追い求めた結果、今日が生まれたのである。予測が先に立って、誕生したものはほとんどない。

定年は愚行だがチャンス

サラリーマンの定年は最近では六〇年、そして六五年に変わろうとしている。終戦時は五〇歳、つい最近までは五五歳だった。年功序列制や終身雇用制も短命時代の産物で、今もこの古い制度のもとに多くの日本人はもがいているのである。

二十世紀の予想

（報知新聞　明治三十四年一月二日、三日）

無線電信及び電話	マルコーニ氏発明の無線電信は一層進歩して、只だに電信のみならず無線電話は世界諸国に連絡して、東京に在るものがニューヨークにある友人と自由に対話すること得べし
遠距離の写真	数十年の後、欧州の天に戦雲暗澹たることあらん時、東京の新聞記者は編集局にいながら電気力によりて其状況を早取写真となすことを得べく、而して其写真は天然色を現象すべし
七日間世界一周	十九世紀年末に於いて、少なくとも八十日間を要したりし世界一周は、二十世紀末には七日間を要すれば足りることとなるべく、また世界文明国の人民は男女を問わず必ず一回以上世界漫遊をなすに至らん
暑寒知らず	新機械発明せられ暑寒を調和する為に適宜の空気を送り出すことを得べし。アフリカの進歩もこの為なるべし
写真電話	電話口には対話者の肖像現出するの装置あるべし
鉄道の速力	十九世紀末に発明せられし葉巻煙草形の機関車は大成せられ列車は小家屋大にてあらゆる便利を備え、乗客をして旅中にある心配無からしむべく冬期室内を温むるのみならず、暑中には之に冷気を催す装置あるべく、而して速力は一分時に二哩急行ならば一時間百五〇哩以上を進行し、東京・神戸は二時間半を要し、また今日四日を要するニューヨーク・サンフランシスコ間は一昼夜にて通ずべし。また動力は勿論石炭を使用せざるを以て煤煙に汚水無く、また給水の為に停車すること無かるべし
人の身体	運動術及び外科手術の効によりて人の身体は六尺以上に達す（2m）
人と獣の会話自在	獣語の研究進歩して小学校に獣語科あり人と犬、猫、猿とは自由に対話することを得るに至り、従って下女下男の地位は多く犬によりて占められ犬が人の使に歩く世となるべし
電気の輸送	日本は琵琶湖の水を用ひ米国はナイヤガラの瀑布によりて水力電気を起こして各々その全国内に輸送することとなる

巨額の費用をかけて育成した社員を、健康でまだ働く意欲もあり、さまざまな経験、ノウハウ、人脈を蓄えているのに、ある日突然、組織から放り出してしまう。日本人の愚行である。どう考えてもおかしい。先進国のように定年制は廃止し、能力ある人、働ける体力、気力がある人は働いて自分の人生を、社会を豊かにすべきだ。

年功という尺度も考え直さねばならない。長く勤めて体得したスキル、判断力、思考が時代に合わなくなっている例も多い。その人の持つ実際的な能力、提案力、実行力、貢献力、センス、生み出す成果、想像力などの評価は、勤めた年月には比例しない。先輩、年齢という言葉には力がだんだんなくなりつつある。年を取った人はどうして偉いのか、考え直す時期にきている。

とはいっても、まだこの慣行は現実にあるのだから、プラス思考で捉えたほうがいい。**定年は新しい人生のイノベーション、つまり大化けステージへの切符である**ともいえる。この二番目の人生では、事業を始めることもできる。今まで蓄積した仕事の財産を利用して独立事業を始める人はこれから多くなるのではないか。学校に行って勉強するのも一策。新しい知識、スキルを身につける格好の場所でもある。

筆者のいる静岡産業大学ではこのような社会人を対象に「ルネッサンス制度」を設けた。毎年数人の定年退職者が入学し、新しい人生企画のスタートをもくろんでいる。卒業生の何人かの人はNPO法人を設立、社会貢献を始めている。一人の女性は沖縄からこの制度に参加。企業経営のなかで新しいビジネス知識の習得が必要であることを痛感し、大学で学び直すことを始めた。四年間通学、週末は沖縄に帰り経営者としての仕事を続け、卒業後は大学で学んだ新知識、新スキルを会社経営に反映させて好業績を上げているという。大会社の要職を途中で捨て、ルネッサンス制度で別の人生を再構築した人もいる。

いずれ日本の定年制は実質的になくなる時代が来る。アメリカでは年齢を理由に雇用の差別化をすることは原則的に禁止されている。年齢を理由に辞めさせたり、報酬を決めたりできない。日本でもこのようになると、賃金は年功序列では考慮されず、能力に対して支払われることになる。年をとったからと管理職になることもない。能力が上がらなければ賃金も地位も上がらない。それが不満で能力アップもままならなければ、新たな職業に就いて、必要な能力を身につけることになる。

日本にも定年のない職業がたくさんある。農業従事者には定年はない。商店経営者、自営業者、免許で働く人、医者、薬剤師、弁護士、公認会計士、歯科医師、看護師。町会議員、市会議員、国会議員も同様だ。自由業と呼ばれる作家、音楽家、画家、アーティスト、評論家、デザイナー、建築家、コンサルタント、先生業、俳優、タレント、プロスポーツの選手、それに大工、とび職、電気屋、庭園業者など職人系も定年がない。資格や免許を要する職業には定年のないものが多い。定年のない職業は常に自己啓発、能力増進が求められるだけでなく、顧客開拓、環境対応の努力が求められるし、健康管理が常に求められる。これからの社会での生き方を暗示しているのは自分の能力、個性、強み、売り物をベースにして活躍している定年のない職業人かもしれない。筆者が家の手入れでお世話になっている大工さんは七八歳だ。彼いわく「定年がないから、いつまでも働く。そのためにいつまでも腕を磨いて健康に留意している。得意先との関係を大事にしている」と。

日本の産業界の動きを見ていると、六五歳まで何らかの形でその会社で働けるような仕組みを作り始めている。実質定年を延長している会社は七〇%以上になり、七〇歳以上も働けるようにしているところが多数出てきている。自分はいつまで働くのか、それを決めるのはその人個人。今まで大半の人は自分の人生を会社に決められてきた。それを自分自身で決める時代はそう遠くないと思われる。未来年表を作成する際、自分の定年を自分で設定してみることも勧めたい。

人口減少のメリット

すでに何回も言及しているが、高齢化と並んで、これからの日本の土台を劇的に変えようとしている要素は人口減少だ。先進国はこの人口減少にみな悩む。中国も韓国も人口減少に悩む時代が遅かれ早かれやってくる。中国では二〇三〇年をピークに人口減少が始まると推定している。なぜ人口が減少するのか。いろいろな説明が行われているが、歴史を見ると飢饉、戦争、病気、天災などがあった。これからの人口減少はなぜ起こるか。筆者は、教育水準の高度化、情報化、経済的な豊かさ、この三要素が強く働いていると思う。「貧乏人の子沢山」という言葉を思い出してほしい。戦後アメリカで「一ダースなら安くなる」と子だくさんの大学教授の家庭を描いた映画が有名になったことがある。このような光景は今や先進国、特に知識労働社会と呼ばれるところでは見られない。

皆さんの周辺をみていただきたい。学歴が高く、社会的地位の高い人ほど子供の数が少ないと言われている。このような現象は中国でもインドでも起きている。日本の少子化が目立ってスピードが速いだけだ。このことは前から言われていたことであるが、忘れていたのである。前にも触れたが実のところ、日本が人口増加で困っていた時代はそう遠い昔ではない。一九七〇年代の日本は、人口一億人を突破することを大いに憂えて、理想的な家族計画が話題になっていた。産児制限は日常語であった。どうやって人口を抑制するかが時の大きなテーマで、地方都市では増える人口に対応して学校、病院をはじめインフラ整備に大量の税金を投入し、対策に悩んだのである。東京では通勤電車を痛筋電車と皮肉って呼ぶくらいに混雑し、世界のマスコミは日本に電車の押込屋と呼ばれる職業があるとやゆした。中国やインドをはじめ多くの発展途上国はいま、当時の日本以上に人口増加に頭を悩ませている。中国はつい最近まで、一人っ子政策という荒療治にやっきになった。

日本はやっと人口抑制に成功した。それも大きな社会的な騒動、あつれきもなく、長寿化を実現しながら、人口抑制に成功した先進国なのである。世界はかつて、人口増加によって食糧、エネルギー、資源、環境問題で地球は行き詰まると大騒ぎし、人口増加に歯止めをかけることが世界の課題だと叫んだのである。この地球にどのくらいの人間が住めるかを忘れてしまったのか、と言いたい。

多くの経済学者、政治家は人口が減少すると国力が弱まると盛んに言う。本当にそうか。人口が少ない国で日本より一人当たりのＧＤＰが高い国はたくさんある。北欧のスウェーデン、ノルウェー、デンマークなどの国々の人口は一〇〇〇万とか五〇〇万とかいった程度（P168参照）である。しかし、それらの国の一人当たりのGDPは日本より大きい。ニュージーランドの人口は約四〇〇万人、静岡県は三七四万人。アイルランドも同様。シンガポールの人口は六五〇万人。国の面積は淡路島と同じで、日本より一人当たりのGDPは大きい。戦後の日本が手本としようとした国はスイスだが、この国の人口は約一〇〇〇万人。山ばかりの国でこれといった天然資源は水ぐらいだが、一人当たりのGDPは世界のトップレベルにある。人口が少ないと国は貧しくなるわけではない。その国の国力を生む要素はいろいろだ。ノルウェーは北極海のオイル、漁業だという説明がある。シンガポールは世界の金融センターとIT産業が国富のベースとなっているという。人口が少なくなると個々の企業、産業には需要が減少し、確かにビジネスボリュームは減少するものも多々ある。しかし一人当たりが生み出す価値を増加させれば従来通り、あるいはそれ以上の経済水準を保つことは容易である。そう簡単にいかないとおしかりを受けるだろう。確かにそんなに単純なものではないかもしれないが、人口が少なくて高い経済水準、生活水準を享受している前述の国々の事情をよく研究してみると、人口減少社会に直面するこの日本で参考にする視点、発展に必要な取り組みを知ることができる。人口が多くて貧困から脱出できない国はいくつもある。人口が

各国・地域の一人あたりの名目GDP

順位	国・地域	一人あたりのGDP	人口(千人)
1	ルクセンブルグ	118,251	530
2	ノルウェー	100,439	5,043
3	スイス	83,974	8,078
4	オーストラリア	64,257	23,343
5	デンマーク	64,186	5,619
6	スウェーデン	58,472	9,571
7	シンガポール	58,146	5,412
8	アメリカ	57,045	320,051
9	オランダ	52,770	16,759
10	オーストリア	52,368	8,495
11	カナダ	52,287	35,182
12	アイルランド	52,260	4,627
13	フィンランド	51,020	5,426
14	ドイツ	48,226	82,727
15	ベルギー	47,704	11,104
16	イギリス	46,244	63,136
17	ニュージーランド	46,204	4,506
18	アラブ首長国連邦	45,944	9,346
19	フランス	45,691	64,291
20	香港	42,770	7,320
21	イスラエル	39,075	7,733
22	日本	38,522	127,144
23	イタリア	35,743	60,990
24	韓国	30,808	49,263
25	スペイン	30,639	46,927

usドル

※人口:世界保健機関(WHO)
「World Health Statistics 2015(世界保健統計2015)」より

少なくても頑張っている国家も多い。人口が少なくても繁栄している。

地域、都市、国を選んで、これからの地域づくり、国づくりの新しいアイデア、アプローチを探すことが今こそ求められているのであり、そのためには何回も繰り返して強調しているが、発想の大転換、新しい前向きな視点で行動することが大事だ。

生涯現役は可能か

寿命が長くなる。長い時代を生き、人生をエンジョイするとなると学び方にも大きな変化が必要になる。知識やスキルは環境の変化とともに陳腐化して役に立たなくなる。**これから必要なのは絶えず学ぶこと**。学校教育で何を学ぶか。学ぶことを学ぶ、つまり将来に向け、学ぶ方法を身につけることだと思う。この学ぶ場、機会も大幅に増えた。その気になればいくらでも学ぶことができる。正規の大学に再入学することもできる。講習会やセミナー、研修を行う行政機関から商工会議所、NPO、同好会、放送大学、市販の教育ビデオと、ちょっと注意すれば学ぶチャンスはあふれている。**教育は転機を作る。学びは大化けのチャンスでもある**。新しい教育を受けて転職する人がいる時代である。

勉強をして脳を刺激することは健康に良いのだという説もある。脳を刺激する勉強は認知症になるリスクを減らすという研究者もいる。きちんとしたデータはないが、情報化が人類の寿命を延ばしているのだと論じる人が多い。学者、研究者、芸術家に長寿者が多いのはそうなのかもしれない。アメリカの百歳以上の長寿者には知識労働者が多いという。

未来年表を作成するにあたり、自分の人生を三段階に分けて考えてみるとおもしろい。第一段階はいろいろな教育、小学校、中学、高校、大学などで教育を受けて社会に出るまでの学びの時期。第二段階は大学を出て就職し定年または年金受給期までの時期。第三段階はその後の人生。健康長寿の人はこの第三段階でも働く。これが生涯現役の姿で、だれでもその気になれば生涯現役で人生を送ることができる。事業を始めてもよい。ＮＰＯで活躍することもできる。自分の能力、知識、スキルを活用して先生、指導者、コンサルタント、いろいろな分野で貢献を念頭に活躍することができる。このためには日ごろからこのようなことを計画する必要があるのは言うまでもない。筆者の周りにはそのことを考えて農業を始めた人もいるし、ＮＰＯ法人の設立を計画している人が何人もいる。小さなことでもよい。計画、実行してみることが大切だ。

健康社会の創造

人の〝大化け〟、国家、社会、組織の大化けに不可欠なものは健康である。昔からサラリーマンの資本は健康な身体といわれてきたが、〝健康〟がこれからの社会のキーワードの一つである。人口減少社会、長寿化社会を支えるのは人であり、人の健康である。健康な人はいくつまでも働ける、自立し社会の援助を受けることも少なくなる。日本の社会が直面する社会保障費の増大、中でも医療費、介護費の増加は国、地域社会の存続を危うくする基本問題の一つだ。日本は世界一の長寿国になったが、大事なのは健康長寿だ。幸いに日本は世界一の健康長寿国といってよい。一人一人が健康長寿をめざし、若いころから努力する必要がある。健康長寿には一人一人の努力、心がけが重要で、子供のころからこの意識を高める必要がある。食育という言葉もすっかり定着したが、健康長寿が国家、企業、社会、個々人にとって大化けのインフラであることを強く認識し、それぞれの場で健康教育、健康増進を推進する必要がある。

読者の皆さんの健康増進計画は何だろう。定期健診、スポーツ、食生活に対する注意、禁煙、適度な飲酒の心がけ、肉体的な健康増進、さらには心のケア。自分なりに健康増進計画、健康法をまず心がけてはいかがだろうか。

世界的に日本食ブームが起きており、世界各国にある日本食を提供する日本食レストランはなんと九万店近くあると、農林水産省が調査結果を発表している。数値は二〇一五年七月のものだが、二〇一三年の一・六倍になったといっている。その調査によると北米には約二万五〇〇〇店、欧州には約一万六〇〇〇店。まだまだ増加中だが、日本食ブームの大きなきっかけの一つは、それが健康食と認識されるようになったからだ。日本人がなぜ健康で長寿なのか。それは日本食に秘訣があるというイメージがある。静岡県はよく知られたお茶どころ。最近はお茶栽培農家の減少で生産量が減少しており、産業としての将来が危惧されているとはいうものの、お茶は健康に良いとその機能性、お茶と健康長寿の関係があるなどの論文もあり、お茶に対する関心が高まる一方だ。最近の日本食ブームとあいまって、お茶の海外輸出量も増加している。

日本の医療制度に対する関心も高まっている。海外からの観光客の中に、日本の人間ドックを目的にしている人も増加しているというし、日本の介護機器（例えば介護用ベッド、介護ロボット、おむつ類から、食品、衣類など）や介護サービスが高く評価されている。介護サービス業の海外進出も始まっている。筆者はこのような産業を健康長寿産業と呼んでいるが、健康長寿をテーマに新しいビジネスがこれからは多方面で創造され、拡大するものと確信している。

時間資産をどう生かすか

大化けには時間を上手に活用することが肝心である。そこに気が付いている人は少ない。人生の目標として、自分のしたいことを実現していく上で、時間をうまく活用することが不可欠だ。「時は金なり」「光陰矢のごとし」「時は人を待たず」などの言葉は、みんなどこかで聞かされている。しかし、生きがいのある人生を送る上で、時間の大切さをいつも念頭に置いている人はどれほどいるのだろう。

この世の中でだれにも最も公平に与えられている資産は時間である。人種、国籍、職業、性、年齢、学歴、所得を問わず、だれもが使用できる時間一日は二四時間、それ以下でもそれ以上でもない。何か物事を達成する時に必要なものとしてお金、設備・機械、技術、情報、人材などがあるが、普通は「ヒト・モノ・カネ」とよく言われる。筆者はこれに加えて「ヒト・モノ・カネ・情報・時間」を挙げる。時間がなくてできない、多忙でできないと時間の問題を口にする人が多いが、ちょっと工夫すると時間の活用度は向上する。

時間の活用の原点は自分の人生目的、人生計画を達成することにある。だから人生目標、人生目的の存在、明確化が大事なのだ。時間をいかに生かすかは、その人の人生観と表裏一体をなしているといってよい。前述の未来年表に掲げた目標を達成するには、時間をどう活用するかにかかっている。勉強ができないのは人生目標がないからと答えた学生のことを思い出していただきたい。人生目標を達成するために必要な勉強に時間を生かし、振り分けないから成果が生まれないのである。

時間活用の方法についてはタイムマネジメント、時間活用法などの題名でいろいろな本が出ているが、筆者の経験、研究から役立つ視点、手法をいくつか紹介しておこう。皆さんはどんな工夫をしているだろうか。

1・自分にとって重要なことから実施する

今日、今週、今月しなければならないことを列記する。今日やることを重点的に区別する。ABCで評価付けをする。A項目（最重要）から実施する、C（重要度が一番低いもの）をやり残したら、翌日に回す価値があるか評価する。時間の最大の無駄は、しなくて良いことのために時間を使用していることにある。あくせくしたり、せかせかと仕事をしたり、一分一秒を節約するためにスピードを上げても、結果が無駄なことだとしたら、努力も無駄になる。人は案外、そんな時間の浪費をしがちなものだ。もちろん、すべての時間を合理的に節約することは難しいが、できるだけ意味あることに時間を活用する心がけが重要だ。

「努力しているのに認められない」という不満をよく耳にするが、努力が認められない原因の一つは、もしかするとしなくてもよいことをしているからかも。努力に報われること、評価されることは何か検討してみるとよい。

2・探す時間を減らす

筆者の研究では、人が日常生活で一番使うのが「探す」ための時間。コンピューターの「検索」機能は、われわれの探す時間を劇的に減らしてくれた。それでも探す時間は発生する。携帯をどこかに忘れた、鍵をどこかにいれた。身の回り品を探す時間は絶えない。どうしたらよいか。整理整頓、識別表示（番号、マークなど）で探すことを容易にするし、一定の場所に置くようになる。

3・待ち時間を減らす

待っているための時間は意外に多い。病院、医院の待ち時間はなんとかならないかとだれもが思う。家内は月一回眼科医にかかるが、その待ち時間は約二時間。一年に二四時間も医院の待合室にいることになる。この待ち時間を減らすために、病院では予約制度を取り入れているが、効果を上げているところは少ない。待ち時間を節約するためには計画的な行動をすること。待ち時間の発生を予定しておき、その短縮を工夫したり、その待ち時間をほかのことに活用する。待っている間に電話で連絡を取り、仕事をこなす。買い物をする、本を読むなども可。もちろん居眠りも、休憩も食事もできる。

4・移動時間を減らす

細かく観察すると毎日人間は移動するために時間を使用している。一番身近な例は通勤、通学時間。移動時間を減らすには移動手段の選択、組み合わせを工夫することも一つだ。スケジュール作成の工夫も必要だ。いろいろな手段（鉄道、自動車、タクシー、自転車、航空機、徒歩等々）を巧みに工夫すること。「時は金なり」、移動のために費やす時間と費用はばかにならない。移動時間を減らすうえで効果を上げているのが各種の情報機器だ。情報機器（電話、インターネット、メール、テレビ会議等々）で移動による時間を減少させている。インターナショナルな活動をしている会社、人々は国際的な会議をインターネットでこなすことが当たり前になってきている。通勤時間を減らすために、在宅勤務、いわゆるテレワークが登場しつつある。それでもサラリーマンの出張は減らない。直接的な人間同士の接触、会話が不可欠と感じられており、今後の姿を見守りたい。

5・アイドルタイムの活用

われわれは気が付いてみると何もしないで過ごしているときがある。いわゆる手持ちぶさた、次の仕事待ち、何もすることがなくポケッとしているとき、急に休みが入った、休講になったなど。想定外のアイドルタイムはよく起きる。それが避けられないのなら、日ごろからその活用法を考えておくことだ。友達に電話をする、町の本屋に寄ってみる。展覧会をのぞいてみることもできる。筆者の専門はマーケティングなので、ちょっとした余裕時間が発生すると、デパートやスーパー、小売店をのぞいて、最近の小売りの動向を体感することにしている。

6・ながら族になる

何かしながらほかのこともする。テレビを見ながら食事をする。畑仕事をしながらラジオを聴く。本を読みながら音楽を聴く。もちろん、運転中の携帯電話やテレビなど法律で禁じられている行為は論外だが、ながら行為で活用時間を増やせる場面は結構ある。

7・時間を買う

機械、装置、道具、システムをうまく使って時間の浪費を減らす。仕事を他人に代行してもらう手もある。ただしお金がかかる。介護サービス、家庭教師、清掃サービス等々、代行業がいま盛んだ。宅配便、引っ越し、コンビニなどのビジネスは基本的には代行であり、時間節約をベースに誕生し、発展しているのである。ビジネス業界では買収や合併、統合が盛んになっているが、このような活動には、時間を買うという考え方が、戦略策定のベースとしてしばしば働いている。マーケットを新規に開拓する、工場を建設する、人材を育成する、このような仕事に必要な時間と費用を節約することができる。ビジネスの新展開に必要な時間を短縮することになる。ビジネス界では他社の確立したブランドを購入したり、特許を購入することがよくある。ブランドを購入するのはブランドの構築、認知度を上げるのに必要な経費と時間の短縮を狙ったものが多い。特許購入は多くの場合、技術開発に必要な時間節約が背景にある。もちろん、自分の手でするほうが、結果的には時間が短縮される場合もよくあるから、十分な検討が必要だ。

8・モチベーションと時間

モチベーション、やる気があるとスピードが上がる。仕事に創意工夫が働いて無駄が減り、時間の節約になる。部下のやる気を起こさせる上司の職場では、時間の節約が自主的に起こる。このような上司がいて、それにやる気のある部下のいる職場はチームワークもうまく働き、仕事は効率的に処理され、時間短縮効果が高まる。モチベーションの高い職場では待ち時間、探す時間、アイドルタイムが減少する。職場は明るくなり、活性化し、楽しい職場が出現、それがさらに時間短縮効果を生むことになる。前にも触れたが、〝人材活用〟〝明るい職場〟〝褒める職場〟では時間短縮が起きる。

9・時間枠の設定

時間枠を決めてその枠内で仕事を済ませるようにすると時間の無駄は減少する。会議時間、討議時間、説明時間など時間枠をあらかじめ決めてその時間枠を周知し、枠内で終了するように取り決めておくとよい。その枠内で討議を終了するようにしておくと、その時間内に終了するように工夫が行われるようになる。勉強時間は二時間とか、買い物時間は一時間といった具合である。筆者は三〇分で一件の案件を処理するようにしてスケジュールを組んでいる。

10・特定時間活用法

定例的に特定時間をある目的、目標を達成するために振り向ける。例えば朝食会を決めておく。毎週水曜日朝八時から九時までを朝食会の日として、水曜日の朝は朝食をとりながら情報交換会、勉強会などをする。昼食会も同じように設定し、食べながら何か意義のあることをする。ながら手法の一種だ。

11・余裕時間を設定する

ぎりぎりのスケジュールは組まない。会議時間の五分前に席に着く。かつて日本海軍では五分前の集合を原則にしていたが、今もこれを活用する人が多い。ことと次第でこの余裕時間の長さは工夫するとよい。時間ぎりぎりに仕事を始めたり、時間を守るためにエネルギーや注意力を過度に集中する人があるが、失敗やけがのもとになることがよくある。時間のとりこにならないこと。時間は活用するためにあることを認識し、時間に使われないようにすることが重要だ。

12・仕事の中に休憩時間を入れる

「一服入れる」という言葉は死語に近くなったが、一時間に一回、あるいは午前中に一回、お茶やコーヒー時間を設定することが大事だ。アメリカの職場では第二次世界大戦中に職場でコーヒータイムを、午前と午後の一回、一五分ずつ設けたところ、生産性が向上して、職場のコミュニケーションが良くなったという。今でもその習慣がアメリカには残っている。

13・時間帯を選ぶ

人によって仕事がはかどる時間帯がある。朝はエネルギーに満ちており、頭脳の活用に向いているので、この時間帯に重要な会議をするとよいといわれている。朝食会や朝一番の会議が多いのはこのような視点によるのかもしれない。

交通渋滞がない時間を選んで、物を運んだ入り、移動するとよい。時間帯の研究、タイミングを意識して行動すると時間の節約になる。ベテラン営業マンは訪問する人の行動に注視し、アポの取り方を工夫している。

時間に視点を当てた新ビジネスはこれからどんどん生まれるだろう。代行サービスのように、時間の節約を売るビジネスがある。一方で、時間消費を売るビジネスも多い。娯楽産業とか観光などがその典型だ。人生を豊かにするものとして、時間を売るチャンスは増えていく。時持ちになったこの時代、時間についてよく考えてみる必要がある。

人まねしない──ニッチを探す

イノベーションなどと声高に叫ばずとも、人は日ごろの小さな変革を重ねることで、大化けのステージに立つことができる。人のまねをしないこと。少しでも違ったことをする、違ったふうにものを見る。みんなが朝八時半に出勤するのだったら、自分は八時一五分にする。毎日、同じ店で買い物をせず、二、三軒回ってみる。普段の行動をちょっとだけ変えると違う発見がある。他人と違う情報に接する。新聞、ラジオ、テレビなども、なるべく違ったメディアに接するように努力する。筆者は夜はインターネットでニューヨークタイムスやイギリスのタイムスに目を通す。いろいろな違った分野の人と付き合うことも大事だ。

人がまだ気付いていないことにトライする。隙間とかニッチと呼ばれるものだ。その気になればこの世は隙間だらけに見える。その**隙間が大きなマーケットとなる**。コンビニも最初はニッチだった。農業はビジネスとして考えると二一世紀の成長産業ではないか。農業従事者が減少したと人は嘆くが、マーケティング志向に根ざしたビジネス感覚で取り組めば発展の余地が多い。静岡県ではすでに年商数千万円を売り上げる農業法人が続出している。農業従事者が減れば農業経営者にとっては競争相手が減り、ビジネスはしやすくなると考えることもできる。ビジネスの大型化、ＩＴ化の推進も可能となり生産効率も向上。人口減少が進み長寿化、経済水準の向上により新しいニッチ産業が出現する可能性が多くなっている。アメリカではすでに起こりつつあるものだが、匠による芸術性のある高付加価値の逸品産業が参考になる。ニッチを開拓して自身の大化けをもくろむことができる。富裕層を相手にするビジネスにはニッチが多い。高級ブランドの時計、レジャーボートなどはだれでもすぐ頭に浮かべるものだ。身の回りには見つからないが、こんなものがあれば良い、など自分で書き上げてみるとニッチが見つかるかもしれない。

何かで日本一に

スズキ自動車の鈴木修会長に「何でもよいから世界一、日本一、日本で最初になることが大事だ」と言われたことがある。スズキ自動車はいまでこそ軽自動車の王者だが、当初は普通の会社だった。そこで日本の自動車が進出していない国を探し、インド、ハンガリーなどの国々に初めて進出、一躍その存在感が世界中で認められるようになったという。筆者は静岡産業大学の学長になった時に、この小さな地方大学の存在感を醸成するために「冠講座」（企業、行政などによる寄付講座）をいろいろな企業のトップにお願いして開設した。スズキ自動車、ジュビロ磐田、ヤマハ発動機、浜松ホトニクス、ブリヂストン、静岡銀行、電通東日本、ヤマハ、静岡県庁、静岡市、藤枝市、磐田市、ミズノ、静岡新聞、静岡第一テレビ、シャンソン、TOKAI、タミヤ、磐田信金など著名企業が講座を寄付してくれた。その数は多い時で二四講座にも及んだ。企業が社員を派遣して講義、一五回の正規の講座で二単位。この冠講座は日本一のスケール、もしかすると世界一の内容ではないかと自慢しているが、静岡産業大学の存在感が一挙にあがったと自負している。

個人でも日本一になることができる。日本でだれもやっていないことに手をつける。いわゆる匠と呼ばれる人には、このような自分しかできないものを持っている人が多い。人がやらないことをする。気が付いていないことをする。〝ニッチ〟と呼ばれる隙間を見つける。そこは自分のナンバーワンを発見できる宝の山だ。だれもやっていない、やっている人の少ないこと、分野、興味が持てて始めたいもの、こんな視点で宝の山を探索してみるとよい。女性が特許を取って成功するものには、このようにして見つけたものが多い。女性の視点でほしいもの、こんなものがあるとよいと思うものを自分の手で作ってみる。これが大化けして特許品となり、ちょっとしたお小遣いになったという話をよく耳にする。台所は宝の山だと女性のアイデアマンの友人が話してくれたことがある。なるほどスーパーで売っている台所用品にはこの手のものが随分ある。宝探しはおもしろい、難しくないという。

熟成で大化け

継続は力なり。継続して実行すると結果が出るものがある。無理して一度に成果を上げようとか、急いで結果を出そうとすると、途中で挫折してしまうことも多い。地道に少しずつ結果を積み上げたほうが良い結果を生むことがあるし、ある期間継続して実行したり、期間を置くことによって良い結果が生まれるものがたくさんある。熟成といわれるものがそれ。ワインの製造にはこの熟成が不可欠である。おいしい牛肉もそうだ。

人間の能力にもそのようなところがあり、継続の結果だといわれるものには期間をかけて行う練習の成果がある。スポーツ、勉強、営業活動、イベント、食育、プロジェクト活動などは継続して続けると結果が出るものが多い。園芸や植林などにも継続的な行為を必要とするものが多い。漢方薬での治療では継続が必要だ。ゆっくりした生活、スローライフを楽しむにも継続的な考え、活動が必要のようだ。

大きなことも小さな要素から成立している。大きな山も小さな石と岩からできている。少しずつ崩せば山も崩せる。自分が取り組もうとしている課題、プロジェクト、プランは少しずつやればできる。時間をかけて達成できるものかよく吟味してみるとよい。

ピンチはチャンスという。**困った時が大化けのチャンス**ということになる。ピンチの要因を調べてみる、なぜピンチになったのか。多くの場合、今までのやり方がダメになった、今までの商品ではダメ、根本から見直す必要がある、といったことを示す兆候がそこにはある。人間だれでも長い人生のなかでピンチに見舞われる。ピンチは転換を促すサインでもある。会社がピンチに陥った時、全社一丸となってそれを乗り越え、会社が大化けしたという話はよく聞く。リストラだってチャンスだ。やむなく転職したら、自分に向いた仕事が見つかり、存分に力を発揮して高収入を得ることもある。仲間と起業した事業が当たり、社長になることもある。不登校で高校を卒業できなくても、大検からやり直して大学に進み、大いに勉強して大学教授にもなれる。ピンチを生かそうと思うといろいろな道が開ける。

常に学ぶこと

大学で習った知識、スキルは極めて基本的なものを除き必ず変化、陳腐化する。学校では生涯必要な新知識、スキルの学び方を学ぶのだと考えることが大切だ。進化と変化が著しくなるこれからの時代には、大学や専門学校へと必要に応じ常に学び直しに行くことも重要になろう。経験や実践を重要な学びと考えることも大事で、そこから自分なりの手法、考え方を生み出し、自分の専門性、領域を確立化し、自分を磨き上げる。自分の個性を売り物にすることで、大化けの基礎をつくることができる。経験や実践がないと、知識は単なる情報にとどまり、何も生まれない。**経験や実践は学びを生み、工夫・応用力を育み、次への発展のステップになるし、思わぬ結果がさらなる発展につながって、大化けが始まる**ことになる。

何かしないと何にも始まらない。動いたり行動すると思わぬ出会いがあり、そこから何か始まることが多い。じっと考えることも重要だが、手足を動かすことにより新しい発想が生まれ、新しい友人ができ、新しいチャンスをつかむ機会が登場するものである。

よき師、よき相談相手を持つことも大事だ。人はだれも判断に苦しむときがある。助言者に進む道を示してもらい、迷いを払うことができる。先輩、学友、教師、友人、それはいろいろでよい。アメリカでは経営者は「弁護士と公認会計士、それに精神医学の医者を相談相手に常に選んでおけ」という。お坊さん、神主など宗教界のリーダーを師と仰いでいる人もいる。

成功した経営者には師と仰がれている人が多い。京セラの稲盛和夫氏やパナソニックの松下幸之助氏などの名がよく挙げられる。郷里の名士にはこのような人が多い。筆者はブリヂストンの創業者石橋正二郎さんを師と仰いできた。いまでも学校経営上の問題で石橋さんの経営の場での発言、言葉を参考にさせていただいている。本書に石橋さんの言葉が時々登場するのはそのためだ。格言集や名言集なども活用するとよい。座右の銘なども。著名な経営者の中には論語や孫子の兵法を手元に置いて心の糧にし、大局的な判断の指針としている人も多い。

掛川市には日本報徳社がある。二宮金次郎の教えを学び広くこれを広める運動をしているが、報徳の教えは多くの経済人に経済人の生きざまを教示している。静岡県の経済人のみならず多くの県民はこの教えに感化されている人が多いように思われる。

六〇点主義のすすめ

日本人の気質として完ぺき主義、間違いのないことを追求する傾向がある。職人気質にはその傾向が特に強いが、だれにもこのような傾向がみられる。そのため何か良い計画、アイデアが生まれてもその実行、実現に踏みきれないことが多い。筆者はこの傾向を打破するため六〇点主義を呼びかけている。百点を取ろうと考えず、実行に踏み切る。そして百点になるようにいろいろな努力することを勧めている。

実行しない限り何も生まれない。実行するといろいろな経験をし、学び、知る。これが自信の糧となり、さらなる展開を後押ししてくれる。これが思わぬ結果を生むことになる。

一〇〇%の結果を出すのにどうしたらよいか。いろいろな人に知恵を借りる。援助を求める。自分で必要な情報を探索する。昔学んだことを生かす努力をする。必要なスキルを身につける。六〇%の完成度から一〇〇%の完成度に進むうちに、いろいろな経験を積む。人脈もできる。うまく動き出すとおもしろみが出てきて、仕事は楽しいものになる。

この六〇点主義の手法を、欧米人が中心の学会の昼食会のテーブルスピーチで紹介したら、それが評判になった経験がある。「なぜ六〇点なのか」と質問が飛んだ。筆者の回答はこうだ。大方の大学では成績をＡＢＣで評価するが、Ｃは六〇点、つまり合格で単位がもらえる。何も無理して百点を取る必要はない。要は社会に出てから、これにいろいろプラスして百点に日々近づける学習が大事。六〇点取ったからといって、何も悲観する必要はない。大学で習ったことはどんどん陳腐化する。先端的な知識、スキルと呼ばれているものほど陳腐化のスピードは速い。工学系の知識、スキルは大学を出て一年半で陳腐化する、という人もいる。

量は質に転化する。たくさん同じことを継続すると、あるときそれが質に転換することがある。やみくもに数をこなしても意味がないこともあるが、少しずつ蓄積し、それが大量になると、価値が生まれるものがたくさんある。一番わかりやすいのは貯金。百円、千円、一万円、百万円と少しずつ貯蓄を殖やす。一千万円貯蓄すると、貯蓄の質的変換が始まるという。何か意味あることに活用する。事業を始める。投資を考えるなど貯蓄に対する考え方が変わる。

先述した英語の勉強でいえば、記憶する単語の量が増え、英会話の経験が増えると、あるとき急に「英語ができるようになった」という感じを持つ瞬間が訪れる。何かを収集するとき、コレクションの量が増えると、その収集自体に価値が増える。サラリーマン生活の中で暇を見ては蝶の収集に精を出し、時には海外まで出掛ける友人がいる。友人はついに収集展示館を設立した。著名な漫画家故横山隆一さんは、著名人の爪、ちょっと変わった小道具、お皿など、何でもおもしろそうなものがあると収集する癖があり、応接間はそんな収集品でいっぱい。訪問客との話題に事欠かない。聞くところだと、それがいつの間にか横山さんの漫画ミュージアムへと発展したらしい。またあるサラリーマンは、世界中の鉄道の駅舎ばかり写真を撮り続け、大量のアルバムを作った。撮影技術が向上しただけでなく、著名な鉄道写真家として知られるようになった。筆者が世話になっている床屋さんは、休みにはいつも奥さんと二人で富士山の写真を撮りまくる。NHKからも富士山写真家として表彰されたことがあり、その道では著名だ。

芸は身を助くというが、このような芸を身につけると自信が出る。俺は何も勉強しないとうそぶく天才もいるが、筆者の観察ではその道のすごい人、達人ほど、自分で何かコツコツやっている。こなした量がすごい。筆者の知っているプロゴルファーに練習の極意を聞いたら「ダンプカー一杯分のボールを打って練習した」と答えている。ゆっくり時間をかけて、少しずつたくさんこなす。これも自信を生むのである。

おのれを知る

地方創生の合言葉で地域の活性化が叫ばれている。**地域の発展にまず求められる**

のは、自分の地域を知ることだ。読者は自分の町の人口を知っているだろうか。どんな産業があり、その町の発展にどのくらい貢献しているのか知っているだろうか。町長の名前はおろか、神社仏閣、公園、町の花、木、鳥などを言える人は珍しい。学生に、尊敬する郷土の偉人、ビジネスマンを上げることを求めても、答えられる人は少ない。地域の力、強みを生かすことがこれからの地域発展の源泉だが何とも心もとない。

筆者は大学に地域学研究所を設置し、静岡県の強み、弱みを論議し、静岡の発展の方向を探っている。地域の中に未来の発展に役立つ、技術、ものづくり、製品、発想、ビジネスモデル、ライフスタイル、学習法、美的センス、人材、マネジメントの仕組みなど何かないか。地域にはだれも気が付いていない、活用していない独特の強みがあるのではないか。これを発見し、強化し、活用すれば地域は力をつけることができる。このように考えると**地域の強みの発見は、地域大化けの決め手**だといってよい。

ちなみにこの静岡県にある日本一をＰ１９４に掲げてある。この日本一をもっと強化発展させることも一つの方法である。日本一の富士山も強みの一つだ。静岡県では御殿場、裾野、長泉、三島、沼津などの各市町が、県立静岡がんセンターを中心にファルマバレー構想を推進している。世界最先端のがん研究、治療機関をはじめ、健康産業の集積をはかるものである。アメリカのシリコンバレーに負けない産業発展をめざし、今やその経済効果は一兆円を超えたとされている。次なる目標として二兆円規模の波及効果を狙っている。日本でも珍しい成功事例だが、このプロジェクトの立案にはこの地域の立地上の強み（新幹線駅に近接、東京圏に近い、富士山が見える環境）と地域産業の強み（温泉、観光地、中小企業、教育機関、がんセンター）がいろいろと検討されてスタートしている。

地域の発展戦略の策定・構築には、具体的で本筋をついた目標を設定することが重要だ。活性化の目的は何か。いつまでに達成するのか、達成計画、実現のための役割分担を具体的に示すことが必要だ。例えば高所得の雇用機会が生まれるかどうか。人が町に集まっても、そこにいわゆるお金が落ちないで、ごみだけ集まるのでは困るという意見もある。魅力的な町づくりのためには税収が上がらなければならない。市民の払う税金が増加する、企業の払う税金が増える。人口減と高齢化社会の進行で増大する社会保障費を負担しながら、地域社会が生存を図るには、税収の上がる地域経済の開発が不可欠だ。例えば二〇二〇年までにどのような雇用機会をどのぐらいつくり、そのための産業活動をどのように計画するのか、数値目標を掲

静岡県の日本一

平成28年2月現在

項目	内容
かつお	生産額日本一
しらす	生産額日本一
さくらえび	漁獲量日本一
まぐろ（冷凍）	水揚量日本一
葉しょうが	収穫量日本一
茶（生葉）	収穫量日本一
温州みかん	収穫量日本一
わさび	産出額日本一
温室メロン	収穫量日本一
ガーベラ	出荷量日本一
清掃用品	出荷額日本一
がん具	輸出量日本一
大型漁船	建造日本一
防災行政無線	整備率日本一
献眼	献眼眼球数日本一
メタボリックシンドローム該当者	該当者割合最少
朝食開始時刻	日本一早い
高校かるた選手権大会優勝回数	日本一多い

※「ふじのくにMyしずおか日本一2016年度版」より

げる必要がある。そのためには地域はどのように地域のもつ力を活用すればよいのか、地域の大化け「地方創生」の核となる地域の力を具体的に明示する必要がある。

あなたの大化けスイッチ

これまで重ねて強調してきたようにいま日本は大転換期にある。だれにでも大化けするチャンスがある。ポイントは何か。**化けるためのスイッチ「大化けスイッチ」を押すことだ。**

●第一は自己発見のスイッチ

自分の能力、強みをまず知ること。それを例えば一〇の項目にして書き上げてみる。早起き、もの静か、時間厳守、友人多数、漢字検定、宅建合格、健康、工業高校卒、大学卒、静岡県出身…こんなの強みなのかと思われるかもしれないが、この条件を生かせば何かできる。気が付かないがこれが売りになる。具体的に自己発見し強みのスイッチを押す。

自己発見で重要なのは自分の個性を見つけること。個性を大事にしそれを育て、発揮することに努める。自分の個性を引き伸ばすための教育を選ぶことも大事だ。

これからの時代は人々の個性を大事にする、独特の能力、才能を尊重する時代になる。皆と同じなら価値はない、皆と違うものを持っているから価値がある、その違った能力が貢献してくれるのだという考え方だ。自分が貢献できるものは何か。自分の個性、能力を発揮する上での働き方、仕事の進め方、コミュニケーションについてこんな自問自答をしてみるとよい。

●第二はPDCAのP（プラン）のスイッチ

自分の目標、夢、ロマンはなんだろう。やはり一〇項目書き出してみる。難しければ奥の手がある。「自分はあと一週間で死ぬ。そうなったら、絶対しておきたいことは何か、それをもらさず書き上げてみるとよい」とアメリカのタイムマネジメントの権威、アラン・ラーキン氏が述べている。自分の残された人生でやりたいことを一〇件書き上げていただきたい。

このPの作成には次のことに留意する。

1・ほらを吹く

ヒマラヤに登る、一億円の財産を作る。小さな現実的な計画よりもちょっと非現実的な大型な夢、奇想天外なことを考えてみる。月に人間が行くと言えば、昔ならほら話だが、実現した。仲間同士でほら吹き大会などやってみるとおもしろい。最近の日本人にはほらを吹けない人が増えたような気がするがどうだろうか。

2・できないと考えない

まずできると考えて、ゆっくりと少しずつでも何とかできる方法を考えてみる。サラリーマンやお役人はたいてい、できない理由を挙げるのが上手だともいう。

3・年齢を考えてしり込みしない

自分の年を八掛け、あるいは七掛けする。五〇歳の人だったら自分はいま四〇歳、三五歳と言い聞かせる。長寿化社会の現代、多くの人は実年齢より若い。

4・自分とかかわりのない分野を見てみる、体験してみる

普段と違う通勤コースを歩く。違ったスーパー、違ったレストランに行く。外国に旅行する。ほとんどの人が毎日同じ範囲内で、同じことを繰り返している。大学の先生はタコつぼ人種だといわれる。いつも研究室に閉じこもり社会情勢にうとい。最近の研究は専門領域を深く深く掘り下げてゆくものが多い。深度二〇〇〇メートル、三〇〇〇メートルの井戸の中で研究に没頭し、世界が見えなくなっている。学際研究などと呼ばれる研究手法が提唱されるようになった。時には異分野に視線を向け、高い次元から眺めることが大切だ。一般社会でも同じことが言えるのではないか。

5・伝統、常識、しきたり、しがらみなどにとらわれていないか

アイデアマン、起業家、戦略家にはこの四つの要素を無視している人が多い。新しい発想ができない人、新しい行動ができない人は自分の四要素を見直してみるとよい。

このような点に留意して自分の追求したいPをいろいろな角度から再構築してみていただきたい。

Pの実行過程では予測しなかった事態に直面する。計画の遂行を断念しなければならないこともよくある。この時、しょげないことが肝心だ。長い人生では世の中は意外に見えざる手が働いているように思う。断念したのが良かったと後で振り返ることも多い。

世の中は常に動いている。楽観的に構えて計画を進め、時には変更に踏み切る勇気も必要だ。

夢の増殖法

1. 大きく考える - ほらを吹く
2. 明るく考える
3. 出来ると考える
4. 若く考える
5. 強みをいかす
6. 未来を考える
7. 視野を広げる
8. 異分野を見つめる
9. 具体的に考える
10. 伝統、常識を忘れる
11. しがらみ、しきたりを忘れる
12. たくさん持つ

●プロフィール
大坪檀（おおつぼ・まゆみ）

静岡産業大学総合研究所所長。東京大学経済学部卒業後まもなくカリフォルニア大学大学院で日本人初のMBA取得。帰国後、（株）ブリヂストンに就職。経営情報部長、米国ブリヂストンの経営責任者、宣伝部長など、ビジネス界で28年活躍。1987年より静岡県立大学経営情報学部教授、学部長、学長補佐を歴任し、ハーバード大学、ノースカロライナ大学の客員研究員も務めた。98年から12年間、静岡産業大学学長として大学のイノベーションを推進し、大化け教育で注目を集めた。大学初のイノベーション大賞を受賞。
静岡県の総合計画審議会、ファルマバレー構想、地域産業創生行政改革にも参画し、静岡コンテンツバレー（SCV）構想、スポーツ産業の振興を含め日中経済交流の推進にも従事している。ペンネーム・千尾将で執筆し、サラリーマンの研究や時間管理（タイムマネジメント）に関する著書も多数。SBSラジオのコメンテーターや講演会講師としても活躍中。

大化けの極意
人生を変える大化けスイッチ

平成28年10月21日　初版発行
著　者／大坪　檀
デザイン指導／小林克司（静岡産業大学情報学部准教授）
カバー・表紙デザイン／鈴木あかり（静岡産業大学情報学部4年）
挿絵／塩川真由（静岡産業大学情報学部3年）
本文デザイン／塚田雄太
編　者／静岡産業大学
発　行／静岡新聞社
〒422-8033　静岡市駿河区登呂3-1-1
印刷・製本／三松堂（株）
ISBN978-4-7838-2253-0 C0036
©Shizuoka Sangyo University 2016 Printed in Japan
定価はカバーに表示してあります
乱丁・落丁本はお取り替えします